数字化时代
高校外语教学转型新路径

王常颖 著

吉林出版集团股份有限公司

图书在版编目（CIP）数据

数字化时代高校外语教学转型新路径 / 王常颖著
. — 长春：吉林出版集团股份有限公司，2023.6
ISBN 978-7-5731-3623-7

Ⅰ. ①数… Ⅱ. ①王… Ⅲ. ①外语教学－教学研究－高等学校 Ⅳ. ①H09

中国国家版本馆 CIP 数据核字 (2023) 第 115443 号

SHUZI HUA SHIDAI GAOXIAO WAIYU JIAOXUE ZHUANXING XIN LUJING

数字化时代高校外语教学转型新路径

著：王常颖

责任编辑：朱　玲

封面设计：冯冯翼

开　　本：787mm×1092mm　1/16

字　　数：270 千字

印　　张：11.25

版　　次：2023 年 6 月第 1 版

印　　次：2023 年 6 月第 1 次印刷

出　　版：吉林出版集团股份有限公司

发　　行：吉林出版集团外语教育有限公司

地　　址：长春市福祉大路 5788 号龙腾国际大厦 B 座 7 层

电　　话：总编办：0431-81629929

印　　刷：河北创联印刷有限公司

ISBN　978-7-5731-3623-7　　　　　　定价：68.00 元

版权所有　侵权必究　　　　　　举报电话：0431-81629929

前　言

随着社会的发展、科技的进步，我国的教育体制改革为人才的培养提供了广阔的场地。网络的兴起，更是为高校教育提供了很好的契机。采用多媒体教学，将教学的形式引进一个新的时代。现在我国多媒体的运用，不仅为教学提供了新的形式，也为我国教育事业的创新提供了更好的平台。互联网的运用促进了我国教育的改善以及创新。

虽然现在的数字化形式教学渐渐取代了传统形式的教学，但是在教学过程中还是会出现很多问题，本书通过研究进行了分析，数字化教学虽然在一定程度上促进了教育的发展，但是也存在很多问题需要解决，学科之间对于数字化的教育形式的认识以及两者相互的联系还有一些不和谐的地方，笔者根据调查总结提出了策略。

数字化的技能指的就是根据高科技产品将教材中的图像以及内容等知识点以声音动画的形式展现出来。通过高科技在教学过程中进行表现，这就是数字化的技能教育形式。随着高科技的盛行，很多高校都在教学中引进数字化技术，特别是在大学的外语教育中，数字化技术非常受欢迎。对学生来讲，外语的学习相对比较困难。与此同时外语在教学上缺乏语言能力的训练环境，所以在学习外语中学生往往会感到比较枯燥乏味。但是数字化技术不同，它可以将教材中的知识进行生动的展示，声情并茂、活泼生动的形象非常有利于学生对于外语的学习，从而改善了外语教学中课堂枯燥乏味的感觉，促进了外语教育的进步。但是，从客观的角度上来观察数字化技术与外语教育的结合，还有需要完善的地方。

为了提升本书的学术性与严谨性，在撰写过程中，笔者参阅了大量的文献资料，引用了诸多专家学者的研究成果，因篇幅有限，不能一一列举，在此一并表示最诚挚的感谢。由于时间仓促，加之笔者水平有限，在撰写过程中难免出现不足的地方，希望各位读者不吝赐教，提出宝贵的意见，以便笔者在今后的学习中加以改进。

目 录

第一章 数字化时代高校外语教学理论研究 ... 1
- 第一节 外语教学的内涵 ... 1
- 第二节 外语教学的基本原则 ... 3
- 第三节 外语教学的结构 ... 14
- 第四节 外语教学策略 ... 20
- 第五节 外语课程与教学研究方法 ... 33

第二章 现代信息技术与外语教学概述 ... 37
- 第一节 现代信息技术与外语教学整合的优势及思考 ... 37
- 第二节 基于现代信息技术的大学外语互动教学研究 ... 40
- 第三节 移动信息技术下大学外语写作教学的困境与对策 ... 43
- 第四节 自媒体时代信息技术与大学外语 ESP 生态化教学 ... 45
- 第五节 分布式认知理论视觉下基于信息技术的大学外语学与教 ... 52

第三章 现代信息技术与外语教学转型新路径 ... 56
- 第一节 信息技术结合 PBL 教学模式在大学外语教学中的应用 ... 56
- 第二节 网络和多媒体信息技术在大学外语教学中的应用 ... 60
- 第三节 信息技术环境下大学外语泛在学习模式应用 ... 65

第四章 线上线下融合式高校外语教学理论研究 ... 69
- 第一节 高校外语混合式教学线上线下衔接问题 ... 69
- 第二节 基于教学翻译的线上线下高校外语教学设计 ... 73
- 第三节 高校外语线上线下翻转式教学实施路径探索 ... 76
- 第四节 线上线下协同教育模式下外语课堂学习焦虑 ... 81

第五节　基于 MOOC 的高校外语线上线下混合式教学 ·················· 88

　　第六节　基于在线直播课的高校外语线上线下混合式教学 ············ 94

第五章　线上线下融合式的高校外语教学转型新路径 ························ 102

　　第一节　外语专业听力课程线上线下混合教学 ··························· 102

　　第二节　线上线下混合式外语教学改革与慕课的关联 ················· 105

　　第三节　线上线下融合式的高校外语教学实践 ··························· 109

　　第四节　构建线上线下高校外语写作教学 ································· 115

第六章　网络环境下大学外语听说教学的基本理论研究 ···················· 120

　　第一节　网络环境下大学外语听说教学模式与自主学习能力 ······· 120

　　第二节　网络信息技术背景下大学外语听说课生态化教学 ·········· 123

　　第三节　网络资源对大学外语听说读写教学的提升作用 ············· 127

第七章　网络环境下大学外语听说教学转型新路径 ·························· 131

　　第一节　网络教学环境下大学外语视听说课程设计 ··················· 131

　　第二节　多媒体网络环境下的大学外语视听说主题式教学 ·········· 135

　　第三节　大学外语机考探索与外语听说教学实践 ······················ 139

　　第四节　网络条件下的大学外语听说应用能力培养 ··················· 141

　　第五节　网络即时通讯软件在大学外语听说教学中的运用 ········· 143

　　第六节　网络环境下大学外语听说作业的创新设计和评价 ········· 146

第八章　大数据时代高校外语教学的理论研究 ································· 154

　　第一节　大数据时代下高校外语教学改革 ································ 154

　　第二节　大数据高校外语翻转课堂教学模式 ····························· 157

　　第三节　大数据高校外语空间教学行为优化 ····························· 162

参考文献 ··· 172

第一章　数字化时代高校外语教学理论研究

第一节　外语教学的内涵

一、外语教学的定义

在外语学习过程中，外语教学是一个非常基本但又复杂的因素。外语教学是一种教育活动。对于教师而言，教学是引导学生学习的教育活动；而对于学生来说，教学则是在教师引导下的学习活动。学生是否得到发展是教学能否实现其目标的关键。教学是一个师生互动的过程，不仅是教师教的过程，也是学生学习并在学习过程中得到全面发展的过程。

外语教学的含义，具体来说，有以下几个内容：外语教学是有目的的活动，在不同学段、学年、学期，以及不同的教材、单元、课文、活动都有着不同的教学目的与教学目标，而教学目标又可分为不同的领域或层次；外语教学具有一定的系统性和计划性，这种系统的计划主要是由教育行政机构、学校和教师制定的；外语教学需要具体的内容，即外语词汇、语法、语音、写作、阅读等具体知识和技能的传递。此外，教学还需要采用一定的教学方法和教育技术，教学有着深厚的历史积淀，形成了大量有效的方法，现代科学技术，尤其是信息技术的发展，为教学提供了可以借助的多种多样的教育技术。

从以上论述中，我们可以将教学概括为：在有计划的系统性的过程中，依据一定的内容，按照一定的目的，借助一定的方法和技术，教师引导学生认识世界、学习和掌握知识与技能，同时得到全面发展的活动。

二、外语教学法的定义

外语教学法是一门研究语言教学规律的科学。随着语言学、教育学、心理学以及其他学科的发展，从19世纪开始，各种教学法应运而生。

在《现代汉语词典》中，"方法"的定义是："关于解决思想、说话、行动等问题的门路、程序等。"而在外语教学中，方法大致可以分为三个层面：微观层、中观层和宏观层。

微观层是指具体的教学技能技巧。在这个层面上，"方法"一词不是外语教学的专用术语，而是日常用语，意为"解决某一具体问题的某一具体做法"，我们称其为"技能"或"技巧"，比如语音教学中的跟读法、词汇教学中的默写法、语法教学中的演绎法和归纳法等。

中观层是指外语教学中的某些规律性的、固定的"套路"，是一种较为复杂的、分为若干步骤的、系统的技巧和做法。例如，3P法、IRF法、PWP法等。

宏观层是指有关外语教学的系统的理论、观点、主张和操作程序。这些理论、观点、主张和操作程序相互支持、配合、整合在一起，从而形成一个相对独立、完整的思想体系，在众多思想体系中自成一派。因此，宏观层的外语教学方法又称为外语教学流派，如交际法、直接法等。

概括来讲，外语教学方法是有关外语教学的思想体系。该体系有两个层面：理论基础和操作程序。理论基础是外语教学的基本理论、观点及原则等问题，操作程序是指有关教学活动的具体内容的决策、技术、技巧等问题。前者是科学分析，后者是科学应用。两者融合在一起，就是对外语教学最好的解释。

三、外语教学与教学法的关系

我们知道，外语教学法是研究外语教学规律的科学。而外语教学法的研究对象就是外语教学，具体来说，就是人们是怎样学习外语的，人们又应该如何去教外语。外语教学法研究的是外语教与学的问题，因此，它常涉及的内容包括：语言是什么，学习外语是一个怎样的过程，学习外语有什么样的规律，教授外语应遵循怎样的原则，教学过程是怎样的、有哪些特点，教授外语可使用什么样的方法和技巧，外语教学与语言环境有何关系，教与学存在着什么样的关系，等等。外语教学法来自外语教学实践，因此它和外语教学实践的关系是密切的。

在外语教学实践里,人们不仅积累了教学经验,也取得了对外语教学工作的认识。在教学经验里既有成功的经验,也有失败的经验。这些经验从正反两个方面加深人们对外语教学工作的理解,并帮助人们发现和认识存在于外语教学中的一些规律。外语教学法是从外语教学实践里发展起来的。

从外语教学实践里发展起来的外语教学法,还要回到外语教学实践中去,一方面起指导教学实践的作用,使教学实践遵循一定的理论顺利进行;另一方面要接受教学实践的验证,并在教学实践里获得进一步的发展和提高。因此我们可以说,外语教学法的生命力存在于外语教学实践之中。

外语教学法的发展过程也是理论和实践辩证统一的过程。首先,人们要在错综纷繁的教学实践中,通过去伪存真的方式对好的方式或方法进行整理,提炼出带有普遍意义的教学规律;反过来要用带有普遍意义的教学规律,对具体的教学情况进行具体的分析,进一步指导错综纷繁的教学实践。进一步的实践产生进一步的理论,理论再应用于实践。这整个过程都依赖于教师的主观努力,即使教学规律是客观存在的,是不以人们的意志为转移的,但要发现和认识它,并准确地把它表述出来,使之成为教学理论,也并非易事,所以认真钻研和思考是十分必要的。同样,要想准确而恰当地应用具有普遍意义的教学规律去指导错综纷繁的教学实践,从而使教学规律发挥作用,产生效果,也并非易事,也需要认真分析教学的实际情况,掌握教学规律的实质,然后才能使之奏效。外语教学法想要发展,外语教学的质量就要提高,因此必须要在这个发展过程中的每一个阶段下功夫。

随着时间的推移,人们的教学经验在增加,时代的科学文化水平在提高,今天外语教学法已成为一门朝气蓬勃的新兴科学。这不仅由于它有自己整套的学科内容和体系,更重要的还在于它在推动外语教学方面所起的积极作用。外语教学法受到人们的普遍重视,越来越多的人将会投身到外语教学法的研究中来。

第二节 外语教学的基本原则

一、兴趣原则

兴趣是推动外语学习者不断前进的最强有力的动力。对于学习者来说,外语学习的兴趣在很大程度上决定着外语学习的成功与否。事实上,很多学生一开始对外语学习并不是排斥的，这是他们对外语学习的天然兴趣，以及对新鲜事物和对异国语言与文化的好奇所致。然而，在实际的外语教学中，由于教师教学方法的不当、考试体系的不科学等，学生的学习兴趣并未得到很好的维持，而教师也未能对学生学习外语的兴趣给予进一步的激发与培养。因此，教师要从自身出发，努力激发和培养学生学习外语的兴趣，具体来说，可在以下几个方面做出努力。

（一）了解学生真正感兴趣的问题

教师只有了解了学生真正感兴趣的问题，才能够因需施教，真正激发学生的学习动机。而教师要想激发学生学习外语的兴趣，可以采取注意发现和收集学生感兴趣的问题的做法，并把这些问题作为设计课堂教学活动的素材。例如，在讲授英文字母时，可以编排外语字母体操来调动学生的兴趣；在教数字时，可以请学生收集自己家里所有的数字，这一活动与学生生活密切相关，学生会比较感兴趣，这样就能很好地调动学生学习外语的兴趣。

（二）了解和鼓励学生的进步

善于发现学生的进步，多鼓励表扬，是培养学生兴趣的一个有效方法，通过这种方法可以培养学生的自信心和成就感。对于学生来说，学习的效果可以在很大程度上维持他们的学习兴趣。在外语教学中，教师可以通过灵活采用奖品激励、荣誉激励、任务激励、情感激励等多种方式，对学生所取得的进步给予鼓励。同样，兴趣也是在这种激励中被逐步培养起来的。

（三）深挖教材

教材在外语教学中有着举足轻重的地位，教师要想最大限度地调动学生的积极性，可以在准备教学时认真研究教材，挖掘教材中的兴趣点，以减少教材的枯燥，从而保持每节课的新鲜感，保证教学的内容和活动能让学生感兴趣。

（四）改变传统的外语教学与评价方式

传统的外语教学存在过于强调死记硬背、机械操练的倾向。一定的死记硬背和机械操练的活动在外语学习中虽然不可缺少，但是一定要注意此类活动不宜太多，尤其是在小学外语教学中。过多的机械性操练很容易导致教学的死板与乏味，并且容易使学生失去或降低对外语的学习兴趣。因此，在外语教学中应努力创设知识内容、技能实践和学习策略需要的情景，以开发学习者学习外语的思维，帮助他们加速外语知识的内化过程，使他们能够在外语交际实践中灵活运用听、说、读、写的知识与技能，最终使外语知识变为自己进行交际的工具。通过此种教学方式，学生不仅能够获得交际能力的提高，同时综合素质也会得到相应的提高，学生的学习兴趣也会因良好的学习效果而得到巩固与加强。

此外，应试教育中传统的外语评价方式对学生学习兴趣有着消极的扼杀作用。要想避免这种消极影响，就应逐渐改变评价方式。基础外语课程的评价应以形成性评价为主，采用的操作方式也应该是学生在平时教学活动中常见的，重视学生的态度、参与的积极性、努力的程度、交流的能力以及合作的精神等。除形成性评价外，针对学习者不同阶段的考试，可以采用笔试与口试相结合的方式。这两种方式所考查的知识点不同，笔试主要考查学生听和读的技能以及初步的写作能力，口试主要考查学生实际的语言应用能力。

二、以学生为中心原则

以学生为中心是外语教学的首要原则，因为学生始终是教学和学习过程中的主体。教师作为过来人，熟悉教学内容，同时也了解学习的有效方法和途径，在教学过程中，必须以学生为中心，发挥自己的指导作用，为学生创造学习条件，随时给学生提供帮助，调动学生的学习积极性。总之，教师的一切教学工作都是围绕学生的需要进行的。

教师的主导作用旨在帮助学生加速学习进程。在学生遇到困难的时候，教师要及时给予帮助，使学生的困难得以及时解决；当学生面对困难不知所措时，教师要及时引导，帮助学生找到解决的办法；看到学生愿意接受学习任务且跃跃欲试时，教师应该给予学生更多锻炼的机会；看到学生的学习情绪不高时，教师要及时予以鼓励，提高学生的学习热情；学生在学习上取得成绩时，要及时提出更高的要求，使学生始终保有目标，继续努力。

要求教师以学生为中心就是要求教师的心里要时刻装着学生，应把教建立在学生的学上，教学的一切工作都要围绕学生的学进行。在备课时、在教课时、在课后批改学生作业时，教师都要考虑学生的心理和需要，注意学生的表情和反应，分析学生掌握的情况，安排和调整自己的教学方法和步骤以适应学生的需要。只有以学生为中心，才能让学生明确学习意义、学习内容和学习目标，才能使学生看到奋斗的目标，使学生看到已经取得的成就，使学生在学习中既有奔头，又有学习的信心，这样才能在学习的道路上勇往直前。

三、循序渐进原则

在外语教学中，最先遵循的原则便是循序渐进原则。贯彻循序渐进原则时应注意以下几点。

（一）从听说技能的培养过渡到读写技能的培养

通过外语课堂中的听说教学，学生可以学到正确的语音，掌握基本的词汇和基本的句子结构，进而为读写能力的培养奠定基础。而且，外语教学从听开始，也符合中国外语教学的实际情况。外语作为一门外语课程，对于绝大多数中国学生来说，都缺少外语的语言环境，而"听"便成了他们获取外语知识和纯正的语音语调的唯一途径。也只有具备了一定的听力能力，才能听清和听懂别人说的外语，才能使学生充满信心地用外语与别人进行交谈，也才能确保外语教学顺利、有效地进行。因此，在整个外语教学过程中，尤其是初级教学阶段，教师在每节课中都要尽量为学生创造一个良好的语言环境，培养学生听的能力，并在此基础上，结合相应的听力内容，循序渐进地培养学生的口语表达能力。听、说、读、写是外语的四项基本技能，是需要全面发展的，但在外语初级阶段的学习中，特别是起始阶段，教学应先从听、说入手，然后进一步培养学生的读、写能力。

（二）语言知识学习从口语过渡到书面语

外语包括口语和书面语两种形式，其中位于第一性的是口语，位于第二性的是书面语。从语言发展的历史来看，口语先于书面语。人类在几十万年前从学会劳动的时候起就开始说话，但文字的出现要比口语晚得多。这就决定了外语学习要从口语开始，然后逐渐向书面语去过渡。其次，口语里出现的词汇比较常用，而且大都是日常生活用语，句子结构也相对简单，与书面语相比更容易学习，通过口语的学习，学生可以很快地获得与日常生活相关的交际能力。

（三）语言知识与技能、使用语言的能力不断循环与深化

在外语教学中，要使学生掌握一个语言项目是不可能一次完成的，它需要进行多次的循环，而且这种循环每一次都是对前一次的深化。例如，关于名词的单复数问题，在开始阶段只是要求学生知道在外语中名词有单复数形式，然后随着学习的逐渐深入，使学生了解规则名词复数变化的规律，最后再掌握不规则名词的复数形式。而且在具体的课堂教学中，教师应该注意在学生已有的语言知识和已经熟悉的语言技能的基础上，讲授新的知识，培养新的技能，在教授新知识的同时还必须复习前面的内容。

四、交际性原则

外语学习的最终目的是为了交际，因此外语教学也应始终坚持交际性的原则。外语教学的首要目标就是培养学生的交际能力。具体来说，就是培养学生能够运用所学的语言知识在不同的场合、对不同的对象进行有效得体的交际。对于交际性的教学原则，教师在外语教学中应努力做到以下几点。

（一）正确认识外语教学的性质

要想落实交际性目标的要求，首先需要认清外语教学的性质。外语教学是一种技能培养型的课程，在教学中，教、学、用三个方面构成了一个有机的统一体，这三者之间是一种相辅相成的关系，其中"用"在这三个方面中处于核心地位。与学习游泳、学习踢足球类似，使用外语进行交际的能力是在使用过程中培养出来的，只有理论没有应用，将很难达到预期的目标。因此在教学中应加强外语使用的力度。

（二）将外语作为一种交际工具来教

外语是一种交际工具，外语教学的目的是培养学生使用这种交际工具的能力。使用交际工具的能力是在使用当中培养的；外语教学中的交际原则要求教师要将外语作为一种交际工具来教，也要求学生把外语作为交际工具来学，还要求教师和学生课上、课下都将其作为交际工具来使用。

教学活动要和以外语进行交际紧密地联系起来，力争做到外语课堂教学的交际化。在外语教学中，教师或学生不是单纯地教或学外语知识，而是通过操练，培养或形成用外语进行交际的能力。教师要尽量利用教具为学生创造适当的情景，协助学生进行用外语来交际的真实的或逼真的演习。这样使学生不仅能够学得有兴趣、有成效，而且能真正体会外语的用场，学了就会用。从教的第一天起就应该这样做，还要一直做到底。

（三）在教学中创设交际情景

在传统的外语教学中，很多教师只偏重语法结构的正确性，学生通过这种教学并不能具备良好的外语交际能力。要想让学生具备使用外语进行交际的能力，也就是说能够在适当的地点、适当的时间，以适当的方式向适当的人讲适当的话，就应在外语教学中创设情景，开展多种形式的交际活动，以此来提高学生外语语言应用的能力。我们都知道，利用语言进行的交际总是发生在特定的情景之中。情景包括时间、地点、参与者、交际方式、谈论的题目等要素。在某一特定的情景中，某些因素，如讲话者所处的时间、地点以及本人的身份等都制约着说话的内容、语气等。而且，在不同的情景中，同样的一句话也可以表达不同的意义和功能。这句话可能表示的意思有两种：一是向别人询问时间，是一种请求的语气；二是可能表示对他人迟到的一种责备。因此，在外语教学中，要把教学的内容置于一种有意义的情景之中，这样才有可能让学生充分理解每一句话所要表达的意思。另外，在一定情景中进行的外语教学还可以使学生身临其境，从而提高学习外语的兴趣。因此，外语教学活动要充分结合教材的内容，利用各种教具来开展各种情景的交际活动，这样对学习和教学都会产生有利的影响，收到不错的教学效果。另外也可以设计任务型活动，让学生通过完成特定的任务来获得和积累相应的学习知识与经验。需要注意的是，这些活动需要具有交际的性质，这样才利于交际目标的完成。

（四）结合学生的生活来选择教学内容与活动

在进行外语教学时，现实生活这个因素也是需要考虑的，因为语言总是与现实生活密切联系的。因此，在外语教学中，教师应把语言和学生所关心的话题结合起来，给学生提供足够的、内容丰富的、题材广泛的、贴近学生生活的信息材料，这样的材料因为具有一定的现实性，所以容易使学生产生共鸣，从而调动学生的兴趣，也能促使他们认识到学习外语的目的在于交际，而不是应付考试。另外，由于外语教学内容具有真实性，因此要求教材的语言和教师的语言也都是真实的。具体说来，就是教材的语言和教师的语言不是为了方便教学而人为编写出来的，而应该是外语本族语人在交际过程中所使用的语言。可在我国目前的外语教学中，这种真实性的材料却不多见，还需要有关人员做出些许努力。

五、灵活性原则

坚持灵活性的原则一方面可以提高并且保证学生在教学中的兴趣，另一方面是由语言本身的性质决定的。因为外语语言是人们生活的一个必要组成部分，其本身就是一个充满活力、不断发展的开放性系统。因此，只有在教学方法、语言学习和语言使用方面做到灵活多样，才能使外语教学富有情趣。灵活性原则要求教师在教学过程中做到以下两点。

（一）外语教学中使用的语言应具有灵活性

外语教学中不应只是让学生认真听讲和做好笔记，因为外语学习的关键在于使用，所以应让学生参与到教学中，运用外语来实现目标、体验成功。对于教师来说，要想带动学生使用外语，可以通过自身灵活地使用外语来实现，为学生树立模仿学习的榜样，同时培养运用外语的氛围。例如，教师可以适当地用外语组织教学，用外语讲解、提问与布置作业等，这样有利于使学生感到他们所学的外语是活的语言。教师还可以布置灵活性的作业，让学生在课下也灵活地使用外语。作业的布置并不是随意性的，应侧重实践能力，如可以让学生用磁带录制口头作业，让学生轮流进行值日报告、陈述、评议时事和新闻等。

（二）外语教学中采用的教学方法应具有灵活性

在外语教学中，教师应采用灵活性的教学方法，其原因包括以下三个方面。

（1）在外语教学史上出现过许多种不同的教学方法和流派，如语法翻译教学法、交际教学法、视听教学法等，但每种方法对于教学并不具有普遍性，它们都有其自身的优势与不足。因此，教师应该兼收并蓄、集各家所长，不能拘泥于某一种所谓流行的教学方法。

（2）外语教学内容具有多样性。如以外语的内容为标准，可以把外语教学划分为两种：一种是语言知识的教学，包括语音、语法、词汇等内容，而且不同的语音、不同的语法项目、不同的词汇所具有的特点也是不同的；另一种是语言技能的教学，主要包括听、说、读、写四个方面。

（3）从学习者自身来看，由于他们在个体方面存在着很大的差异，因此，在外语教学中要综合学生、教学内容以及教师自身的特点，创造性地开展多种多样的教学活动，灵活地运用教学方法和教学内容，保持外语课堂的新鲜度与趣味性，从而使学生学习外语的热情得到激发，学习的兴趣得到培养，逐渐帮助学生探索与掌握外语语言学习的规律。

六、真实性原则

真实性原则也是外语教学中的重要原则。贯彻真实性原则有助于我们更好地理解外语教学的实质，从而全面提高学生的综合语言应用能力。实现真实性必须做到以下几个方面。

（一）采用语用真实的教学内容

教学内容不仅包括课文，还包括例句、课内外训练材料和练习等所有供学生学习的材料。外语教师在开始教学前应从语用的角度认真分析课文，不仅分析课文语句的结构意义，更要着重把握语句的语用意义，了解语句使用的真实语境，以及研究语句中包含的情感、态度、语气、意图等，准确把握课文中所有语句的真实语用内涵，同时编写或者从已有的教学用书中选择语用真实的教学例句和课内外练习。这样就可以在教学前指向语用教学，而且明确指向以培养外语运用能力为目的的语用教学，从而保证学生能够获得语用真实的外语运用能力。

（二）把握真实语言运用的目的

外语教学的最终目的是培养学生的综合语言运用能力，这种能力是一种语用能力。这里的语用目的不是语用学概念，而是指教学内容体现在语用能力方面的教学目的，主要表现在如下三个方面：语句的语用功能目的、对话语篇的语用功能目的以及短文语篇的语用功能目的。其语用功能目的又可分为功能性语用目的和学习性语用目的。

（三）设计组织语用真实的课堂教学活动

课堂教学是通过一系列的课堂教学活动来完成的，尤其是在中小学外语课堂教学活动中，呈现、讲解、例释、训练、巩固等课堂教学活动都要与语用能力的培养密切相关。对学生语用能力的培养要贯穿于外语教学的全过程，融于语言学习各环节的学习和训练之中。在这些教学活动中，外语教师应基于语用真实的指导思想来设计教学活动。在呈现、讲解时，不仅要呈现、讲解教学内容的真实语义，还要明确呈现、讲解教学内容的语境和言外之意。例释环节中所有的例句不仅要语义真实，语境和语用意图也要真实。进行训练和巩固时不仅要进行真实语义的训练和巩固，更要关注如何在恰当的语境下表达恰当的语用意图，所有的教学活动都要充分考虑语用的真实性。

（四）编排语用真实的教学检测评估方案

对于教学来说，教学检测评估有着很大的反馈作用。通过设计编排语用真实的教学检测评估，可以发现学生的语用能力还存在哪些不足之处，从而调整教学。特别是对学生语用能力培养方面的教学能起到更直接、快捷、有效地培养学生外语运用能力的作用。教学检测评估题不仅要符合测试的基本原理，更要注重测试的运用能力；不仅要语义真实，更要语用真实，否则就会误导教学，弱化学生运用外语能力的培养。语用真实会引导学生在学习中更自觉地去把握学习内容的真实语用内涵，从而进一步强化学生外语运用能力的自我意识，这必将促进学生更有效地获得运用外语的能力。

七、背诵与练习相结合原则

事实证明，大量背诵课文与大量做练习相结合是一切条件各不相同的外语教学的普遍有效的方法。因此，有必要把这一点提高到原则意义上来加以认识和贯彻。

背诵范文应该是学生学习语言行之有效的方法。背诵大量好的外语文章或段落会对学生以后的学习产生诸多益处，如有利于对语音和语调的正确、熟练掌握，有利于语法和词汇的巩固，有利于语感的发展和口语与书面语能力的提高等。

同时，大量的背诵是通往真实交际的重要途径之一，是作为预备性的语言练习和巩固性的语言练习的重要形式来使用的。大量背诵只有同多种练习紧密结合、及时配合、穿插呼应，才能起到有效作用。同时，也只有这样，背诵才能得到真正的检验，才可以达到交际的目的。

可见，背诵与活用基本上是同步的。只有将二者结合，才能使外语学习的效果更加明显。一篇课文的背诵至少要经过三个层次：尝试性的、半熟性的、流利性的。围绕一篇课文的多种练习也是多层次的：改变人称和时间，同义词句代换、提问题、回答问题，扩展课文，压缩课文、复述大意、模仿作文，改变体裁、交流读后感等。在背诵与多种练习互相接应、互相支撑、互相补充的作用下，学生将不会因为大量背诵而苦恼，反而会将二者的结合作为一种学习的乐趣。

八、巩固性原则

巩固性原则要求学生在学习中牢记已经学习过的外语知识和技能。具体来说，就是要求学生的外语基础知识牢固，能够熟练地运用外语进行交流和学习。每上一节课、教一课书教师就应该让学生明白所讲的内容，就是应该懂的是不是都懂了，应该会的是不是都会了，应该记住的是不是都记住了。学生不能不懂装懂，教师更不能不管学生能否接受而一味地讲授新知识。贯彻巩固性原则要注意以下几个方面。

（一）注重当堂巩固的重要性

掌握知识和技能的客观规律要求我们在学习新的内容以后立即进行巩固。学生学习外语最大的障碍就是遗忘，这种遗忘往往是从刚开始学习后就立即开始的，而且在学习后的最初阶段遗忘速度最快。刚学的单词如不加以多次强化重复，就会马上忘记。正因如此，我们在教学过程中要特别强调立即巩固。学完一个新知识点就要马上进行巩固，这样就会记得比较牢固。如果一味地学习而没有进行当场巩固，就很容易忘记，无法取得良好的效果。

例如，当教授单词的用法时，某个单词可能表示几种意思，教师要围绕词义举一些例句做示范，举例后可领读例句，然后请学生参照教师的范例造句。一方面检查学生是否已经理解、会用，另一方面就是进行当场巩固。还可以采用教师读例句，请学生译成中文；或教师说中文例句，要求学生译成外语；或利用这个单词进行问答练习。如果是刚刚讲授一课对话，可先由教师和学生进行示范对话，然后按小组进行群众性练习，最后再指定学生上讲台进行对话。这些当堂巩固的方法都能起到良好的效果。

（二）组织经常性的复习

当堂巩固固然重要，但仅依靠当堂巩固并不能使学生牢固地掌握已获得的知识和技能。

在外语教学过程中还必须有计划地进行经常性的复习，这样才能够帮助学生熟练地掌握外语。组织复习时应注意以下几点。

（1）复习在外语课的每一课时都可以作为一个步骤来进行，起到一个承上启下的作用。

（2）在教学的各个步骤或各种练习中都应该注意新旧材料的联系，这样既是在学习新知识，同时也是在复习旧知识。

（3）组织定期的阶段性复习。如果平时不注意复习，只等到期末进行总复习，时间不仅显得比较紧，前面学过的知识也容易被遗忘。因此，在拟订学期教学日历时就要加以注意。每学期可以安排若干次的阶段复习，并且要进行测验以达到监督学生学习和检测学生学习效果的目的。

九、精讲多练原则

精讲多练要求教师在教学过程中，既要重视讲的作用，又应保证练的需要，把讲和练的作用结合起来，从而发挥师生两方面的积极性。同样，外语课堂上的工作也不外乎讲和练两种，前者是指讲授语言知识，后者是进行语言训练。在课堂上，适当地讲授一些语言知识是必要的，可以提高学习效果。就如同学习滑冰一样，在上冰之前，老师讲解一些注意事项、滑冰的动作要领，可以有助于提高学生在冰上训练的效果。但是，外语首先是一种技能，技能只有通过实际训练才能获得。所以，教师首先必须清楚，讲解的目的在于帮助学生更好地训练，而不是讲解本身。教师可以采取多种形式的语言训练活动。在语言训练的过程中要针对学生的具体问题给予"画龙点睛"式的点拨。当学生掌握了一定量的语言事实时，则要进行适当的总结与归纳，使学生的认识条理化、系统化。这不仅有利于学生语言交际能力的培养，还有助于学生养成良好的学习与思维习惯。在进行了必要的讲解之后，要给学生留出足够的训练时间。

十、可持续发展原则

坚持可持续发展原则主要包含以下两个方面的含义。

（一）帮助学生掌握正确的学习策略

学习策略是指学生为了有效地学习和发展而采取的各种行动和步骤，外语学习的策略包括以下四种。

（1）认知策略，即学生为了完成具体学习任务而采取的步骤和方法。

（2）交际策略，即学生为了争取更多的交际机会、维持交际以及提高效果而采取的各种策略。

（3）调控策略，即学生对学习进行计划、实施、反思、评价和调整的策略。

（4）资源策略，即学生合理并有效利用多媒体进行学习和运用外语的策略。

学生的学习成绩受多方面因素的影响，如学生的心理特点、健康状况、学习基础、学习动机、学习策略、教师的水平、学习的环境、社会和集体的影响，以及家长的影响等。在这些影响因素中，学习策略占据着重要的地位。学生如果在学习过程中采用了科学、正确的学习策略，便可以有效节省时间，不仅能避免走弯路，还会使得学习的效果更佳。因此，在外语教学中，教师应帮助学生形成适合自己的学习策略，培养他们不断调整自己学习策略的能力。在具体的外语课堂实施中，帮助学生有效地使用学习策略有助于他们采用科学的途径来提高外语学习的效率，并有助于他们形成自主学习能力，为以后的学习奠定坚实的基础。

（二）培养学生积极的情感态度

如前所述，情感态度是外语教学内容的重要组成部分。陈琳、王蔷、程晓棠等对如何在外语教学中培养和发展积极的情感态度提出了以下几条建议。

（1）结合学习内容讨论情感问题。在日常的外语课堂教学中，教师要注意融入积极情感态度的培养，针对学生学习过程中出现的具体问题进行有针对性的引导，帮助学生解决情感态度方面的问题。

（2）建立情感态度的沟通渠道。情感态度的沟通和交流渠道可以通过教师在课堂教学中建立起来，如建立融洽、民主、团结、相互尊重的课堂氛围等。有些情感态度可以集体讨论，有些问题则需要师生之间进行有针对性的单独探讨。但在沟通和讨论过程中，教师要注意尊重学生的感受，避免伤害学生的自尊心。同时，情感具有外在和内在的表现，教师要仔细观察，了解学生的情感态度，以培养学生积极的情感，从而消除其消极的情感。

第三节　外语教学的结构

一般来说，完整的外语教学由四个环节构成：组织课堂教学、检查和复习上次课的内容、讲授新材料与布置课外作业。下面对这四个构成环节进行详细的阐述。

一、组织外语教学

组织教学是构成外语教学的第一个环节。这个环节主要是为了保持安定的课堂秩序，以便于使学生的注意力集中，这样才能使他们排除干扰，安静地、用心地学习，提高其学习效率，也使教学能够顺利进行。在各级学校的课堂教学里，组织教学的工作都显得非常重要，外语教学也不例外。需要特别注意的是低年级学生，他们年纪小，爱说、爱动，自我控制的能力低，注意力容易分散，这时组织教学工作就显得尤其重要。

（一）组织外语教学的原则与步骤

1.组织外语教学的原则

组织教学包括的内容有：教师角色的选择、指令的给予、活动的组织方式、如何对待精力不集中或无组织纪律性的学生、大班上课的组织方式、对教学步骤的控制方式等。每个教师都必须掌握对这些问题的处理方式，下面介绍几种主要的组织外语教学原则：

（1）交代指令适当。在外语教学中，指令是对学生活动的指导。指令并不是可以随便发布的，它必须简短、清楚，适当配以演示。而且在交代指令前，教师应保证学生都已将注意力集中到教师的身上，这样才能保证指令发布的有效性。而在另一些状态下，如在混乱状态或当学生正忙着手中之事或私自交谈时，不宜发指令。

在交代活动指令时要想保证其效果，应做到以下几点：①注意新旧知识的连接。②交代活动的相关信息，包括方式、目的、操作步骤、时间、反馈要求等。③检查学生对指令的理解。④让学生清楚活动如何开始。⑤终止指令要清楚，同时教师要对学生的活动做出适当的评价。评价中需要注意的是要采取有利于学生建立自信、发现问题并且明确改进的方式。⑥最后，要留出时间以便学生提问。

（2）选择适当的外语教学活动参与模式。教学活动的载体是课堂内的参与活动，而参与模式决定着学生参与的程度。常见的参与模式有全班集体活动、同伴活动、小组活动和个人活动四种。采用什么样的模式应视学习内容而定。但是，参与模式应满足学生动手、动口的需求，因为学生是通过参与和做事来学习的，而不是通过单纯听讲来学习的。为使更多的学生参与外语教学活动，一般的主要活动模式是同伴活动或小组活动，并在活动中经常变动伙伴，以达到多数学生参与的目的。

（3）合理控制外语教学活动时间和参与人员。一般在外语教学中开展的活动都会有时间限定，如果学生未能在规定的时间内完成任务，教师视情况可让其继续或停止。如果让他们继续进行活动，则应明确时间界限，但在进行之前应首先了解清楚学生完成的情况，不能按时完成的原因也要了解清楚。

在完成活动的过程中，由于学生语言水平不一，完成同一任务所需时间也会有所不同。有的学生能提前完成任务，而有的却可能拖延时间。对于提前完成任务的学生，如果教师不给其进行其他活动的安排，他们就会无事可做，有可能影响其他学生，甚至对活动失去兴趣，影响以后的教学效果。在这种情况下，教师可以通过以下安排来控制参与人员的内容进度：

①给提前完成任务的同学分配额外的活动任务。例如提前完成任务的有两个以上小组，可以将这些小组组织在一起，对照检查任务完成的情况，这就是一种额外活动的安排。②将提前完成任务的学生编到未完成任务的小组。

（4）合理摆放外语教学座次。座次的摆放对教学活动的组织影响很大。固定的座次不利于同伴活动和小组活动的开展，但活动的桌椅如摆放不合适也对活动的组织不利。

2.组织外语教学的步骤

组织教学这个环节不是上课的开始，也贯穿于整个教学过程中。具体来说，就是上课的过程中，教师应随时注意组织学生专心地、积极地参加教学的活动，以保证外语教学的效果。

这个部分一般包括的内容有：

（1）师生相互问好，以便把学生的注意力吸引到教师身上来。

（2）教师登记学生缺席情况，以便日后为他们补习外语课程。

（3）值日生报告。

（4）宣布本节课授课内容和目的，把学生的注意力引到学习上来，并开始讲课。

上面四点中，值日生报告需要注意以下几点：

首先，值日生报告由学生轮流进行，并不固定为某一个学生。当天值日生自由选题讲 2~3 分钟。教师边听边记录学生的错误，学生讲完后，将学生讲错的地方写在黑板上，以便学生改正。其次，学生在准备值日生报告时可以事先将报告内容写成文章。这一做法在某种意义上可以作为作文练习的补充。此外，也可以作为一种个别指导的重要机会，这种机会在平时是很少有的。通过板书来纠正学生的错误，不仅对值日生，而且对其他学生来说，也有利于他们防止犯类似的错误[1]。

最后，要注意值日生报告的时间不要拖得太长，因为它不是上课的主要目的。这一内容总共所花时间（包括纠错在内）最好不要超过 10 分钟。如果时间充裕，也可以由教师补充一些与值日生报告题目有关的内容，让学生听。

（二）组织外语教学需注意的问题

1. 对组织外语教学要有正确的认识

谈到外语教学中的组织教学，很多人对其的认识都存在误区，主要表现在以下两个方面：

（1）认为外语组织教学只是在课堂教学开始时进行，而且就几分钟，其实整堂课都要随时注意组织教学，才能保证整堂课的顺利进行。

（2）认为外语组织教学就是训斥学生，这种认识显然太过于片面，也不准确。

2. 组织外语教学时可采用适当的方法

在目前的外语教学中，一些外语教师组织教学的方式就是说教，在实际应用中这并不是最好的方法。其实，只要教师把课组织好，循序渐进地进行教学，让学生感到课堂上有收获和进步，他们就会自觉地把注意力集中在外语的学习上。当然，也有一些具体的方法可以遵循。如在组织教学时，教师不断地向学生提出问题，进行引导；教学逐步提高要求，适当高于学生水平的要求利于使学生经常处于积极状态；可以根据情况适当改变教学方式，以促使学生集中注意力；根据学生的表现，恰当地予以表扬、鼓励和批评，并且以表扬为主，这样有利于增强或保持学生对外语学习的信心。只要教师在外语教学中善于引导，学生是会积极配合的，那么组织教学也就不是什么问题了。

---

1 王佐良.翻译：思考与试笔[M].北京：外语教学与研究出版社，1989.

二、检查和复习上次外语课的内容

这个环节在保证教学的连续性方面起着重要作用。通过该环节的进行，教师可以了解到教学效果，对教学的进展情况做到心中有数。这个环节在已学内容和教学新内容之间起着桥梁作用，具体来说，不仅是已学内容的延续，还为新内容的学习做准备。

（一）检查作业

检查作业常和复习巩固前次所学内容结合进行。在检查作业的同时或检查作业之后可以根据发现的问题补充一些练习。这些练习一方面可以巩固深化已学内容，另一方面也可以弥补薄弱环节。检查作业包括前次上课留的口头和笔头作业。笔头作业一般收齐后教师带走课后批改。口头作业常采用口头形式来检查，因为口头形式比较灵活，方式多样，在课堂中可以包括听、说、读、写多种实践活动。另外，口头作业的检查也可以口头形式为主，辅之以笔头形式。譬如在全班进行口头造句时，可要求 2~3 个学生到黑板上造句，这样利于发现比较全面的问题。其实，检查作业也可以说是辅导学生的常规方式。通过检查学生的作业，教师可以及时发现学生在学习中存在的问题，然后才能在课堂中有针对性地给予解决，而不同的检查方式所产生的作用也是不同的：

（1）外语课堂上集中核对学生的作业答案，可以有针对性地对典型错误进行讲评，促使学生相互借鉴。

（2）外语教师详细对所有学生的作业进行检查，可以对每个学生的学习情况都有所了解，以便针对性地解决。

（3）外语教师安排学生相互检查作业，不仅对提升学生的外语水平有利，还可以培养学生发现问题的能力。

（4）外语教师当面检查学生的作业，可以对存在问题的学生进行个别辅导，便于提升班级的整体外语水平。

在检查作业中，不管是口头作业还是笔头作业，教师与学生之间都在进行着交流。在这个过程中，如果发现学生的问题，教师要实事求是地指出，同时可以帮助学生解决一部分问题，鼓励学生自行解决一部分问题，在解决问题的同时也锻炼学生的自主学习能力。需要注意的是，在上交的笔头作业中，教师一般都要写评语，这时，不能随便什么话都写，比如打击学生的话语就不能写，做得再差的作业也一定有可以发现的优点。

（二）提问

对于检查和复习时进行的提问，外语教师对学生的回答可以进行评分，从而作为平时成绩的记载。提问有两种，即个别提问和全班提问。提问时一般先对全班发问，后叫个别学生回答。在提问时主要有两个方面的问题需要注意：

（1）提问的项目分量要小，形式要短小简单，化整为零，以便使更多的学生参与其中。提问的学生要普遍，最好能够遍布到全班级，不要仅集中在几个学生身上。

（2）在提问时要对差生给予更多的关注。在外语教学中由于各种原因，总会出现一些差生，对于这些学生的外语学习，教师需要对其进行必要的教学辅导，这样才能更好地配合外语教学。例如在外语课堂中多给成绩较差的学生回答问题的机会，而刚开始向他们提出的问题一般都较简单，有利于提高他们的自信心，然后逐渐向他们提较难的问题，提高他们的外语水平，最终使他们赶上其他学生。

三、讲授新的外语材料

讲授新的外语材料是构成外语教学的第三个环节，下面从讲授新课的内容以及方法来对这个环节进行详细的阐释。

向学生讲授新外语课的目的主要包括两个方面：使学生感知和理解新的外语材料，使学生初步运用新的外语材料。

（一）使学生感知和理解新的外语材料

在外语教学中，一定要使学生对所教内容能够理解、明白。比如，对于所教的外语单词，不但要使学生知道它的读音和拼写，也要明白单词的意思和用法，这样的词汇积累才是有效的；对于所教的外语句子，要使学生接触和把握句子的读音、声调或书写形式，并明白它的意思；对于所教的外语语法，要使学生了解有关的语法规则及其用法。在讲解时，需要采取一定的方式来进行。比如可借助实物、模型、图画、手势、动作、表演、情景等，这样直观的表达，利于使学生把外语句子和单词与它们所表示的事物和概念直接挂钩，便于加深学生对其的理解；可以用外语释义，必要时也可以用汉语释义，使学生最终理解所学内容；还可以用示范或举例的方法来说明，如示范发音和朗读以让学生进行模仿，列举例句以在运用中说明单词或某项语法的意义和用法等。掌握外语通常是一个理解、记忆、运用的过程，学习新的外语知识是这个过程的开始，也是完成整个过程的基础。教师讲解必须简单扼要，有重点，暂时没有用处的或学生当时不能接受的，一概不讲，这样做的目的是让学生能够先对容易的知识有初步的理解，为下一步深入的讲解奠定基础。能用图表和实物等直观手段的，教科书上有说明的，就不讲或少讲，以提高外语教学效率。在讲解时，通常采用谈话的方式，常提出启发性的问题，引导学生积极思维，这样利于学生自主学习能力的提高。在讲解时应通过有效的方法使学生在理解的同时能记住一部分或大部分内容。

（二）使学生初步运用新的外语材料

在学生对新的外语材料能够理解以后，还要使学生做到初步运用新材料，这样可以检查和加深学生对新材料的理解。初步运用和其他的练习比起来，是最简单的，其主要内容包括朗读、简易的替换练习、复述语法规则、回讲句子或语法的意义和举例说明单词的用法和语法规则。

对讲授新的外语材料这个环节包括的两个目的及其关系一定要正确地看待。理解是一个由浅入深、由不完善到完善的发展过程。在这个过程中，理解有助于模仿、操练与应用，而反过来，模仿、操练与应用又能加深理解。知其然与知其所以然都是理解。对于模仿来说，知其然是完全必要的。而对于初学外语的人，特别是年龄较小的学生，由于所学的外语知识有限，知其所以然的目标对于他们来说有时就很难做到。但经过一个阶段的模仿、操练和应用后，随着学生学习外语材料的增多，在适当的时候，在外语教师的引导下，很多学生都能够从掌握的感性材料里得出理性的认识，做到知其所以然，有助于学习效果和质量的进一步提高。因此，对于理解、模仿、操练、应用之间的关系应当辩证地看待，并根据实际需要恰当地处理它们的关系，以便帮助学生理解与初步运用所学的新材料。

四、布置外语课堂外的作业

布置家庭作业是构成外语教学的第四个环节。教师在外语课堂快结束前要根据教学的目的和课堂教学进行的情况，向学生布置家庭作业，从而巩固和发展课堂教学的成果。家庭作业的布置可以帮助和指导学生课下学习的内容和方法，这能给学生带来很多积极作用，比如利于充分发挥学生课后学习时间的效用，培养良好的学习习惯等。尤其是低年级学生，他们的自制力和学习经验比较缺乏，布置家庭作业对他们显得更加重要。但外语教师在布置家庭作业时也不可盲目或随意，否则很容易给学生带来学习上的负担，教师需要清楚合理的家庭作业在外语教学中能起到良好的辅助作用。比如课堂上学生在某个方面表现得薄弱些，可以有目的地适当布置一些相应的练习，以此弥补弱点；课堂上如果口语练习做得比较多，笔头练习相对地就做得少，那么可以多布置一些笔头的家庭作业,以充分而有效地利用课堂教学时间,弥补笔头练习的欠缺。

这个构成环节使外语教学延续到课外,可以起到巩固和提高教学成果的作用,有时也能起到为下次课做好必要准备的效用。教师要想使课外作业达到预期的效果,应注意以下几个方面:

(1)说明作业的目的和方法,如果作业是一种比较新的形式,教师要在课堂上做示范。

(2)分量适当,不给学生增加过多的学习负担,也不能时有时无、时多时少。

(3)体现教师讲课的重点和难点,通过课外作业的练习,帮助学生进一步掌握。

(4)难度适当。

第四节 外语教学策略

一、外语教学策略概述

(一)外语教学策略的概念

策略原来是一个军事用语。《国际教育大百科全书》对策略的解释是对大规模军事行动所做的计划和指导。随着社会的发展,策略这个用语已逐渐变得普遍,渗透到工作和生活的每个领域,比如"讲话策略""谋职策略""经商策略""教学策略"等,在我们的生活中已经被常使用。从语义学角度上说,策略包括两个方面的内容:一是根据形势发展而制定的行动方针和斗争方式;二是讲究斗争艺术,注意方式方法。

策略在教学领域中也有应用,其分为学习策略与教学策略。其中教学策略是指教学活动的顺序安排和师生间连续的实质性交流,它所采取的这些教学行为的目的是为了实现课堂教学的预期效果。而关于"教学策略"一词,它是在20世纪60年代以后,由美国匹兹堡大学罗伯特·格拉塞为带头人的一批认知心理学家首次使用。教学策略在教师的教学中所起的作用很重要,教师在教学过程中有自己一贯的处理问题的方法,长久下来就会形成教师的教学风格,进而影响教学效果。现代教育思想认为,教师在教学中的角色有两个:一是教学任务的执行者,二是教学活动的决策者。因而,教师要想扮演好决策者的角色就应该注重对教学方法的有效计划和合理选择,并在面临问题时能够创造性地运用教学方法,努力实现由灌输型教师向研究型教师的转型。

目前，对于外语教学策略的含义，教育界还没有形成统一的口径，现在的研究者对于外语教学策略概念的描述大概有三种，现归纳如下：

（1）外语教学策略体现一种教学思想，可以看成是一种教学观念或原则，属于教学设计的一个组成部分，其体现方式有教学方法、教学模式和教学手段等。

（2）外语教学策略是有效解决教学问题的方法、技术的操作原则及程序的知识，它所采取的一系列教学方式和行为都是围绕着一定的教学目标而进行的。

（3）外语教学策略是指教师为达到教学目标而制订的教学措施，它是教学方法、步骤及行为方式的综合，且所采用的方法等符合学生的认识规律。

以上有关外语教学策略的概念都各执一词，但根据这些观点的相似点，可以对外语教学策略的概念做一个概括：外语教学策略是指教师为实现最佳的教学效益，在一定教学理念的指导下，根据自己对具体教学任务以及教学情景的理解和认识，采取能够对教学活动起调节作用的系统的行为或措施。

事实上，外语教学策略就是教师教学理念的具体化。例如，为了复习学过的动物单词，教师可以设计一项语言任务而不是单纯讲解，让学生采取的学习形式可以是小组合作，具体来说就是让一个组员用外语来描述动物特征，组内别的成员猜是什么动物。这样的教学策略充分体现的教学理念是"以学生为中心"。在制定或执行教学策略时，需要注意以下几点：

第一，外语教学策略须在教学理念的指导下才能进行，否则就会杂乱无章，达不到教学目标。

第二，外语教学策略的实施不能一蹴而就，需要有体现具体教学活动的一套独特的操作程序和步骤。

第三，外语教学策略并不是固定的，它可以根据情况来灵活多样地变动。

第四，我们知道，任何教学活动都有具体的教学目标，教学策略作为外语教学活动的组成部分也不例外。因此，教师在实施教学策略时必须对教学目标具有清晰的意识及努力意向，并在目标实现的过程中灵活运用教学方法，以便如期达到教学目标。

（二）外语教学策略的特点

1. 外语教学策略具有指向性

对于外语教学策略的选择不可以主观随意，要有一定的针对性，并且指向一定的目标。也就是说，外语教学策略指向特定的问题情境、教学内容、教学目标，并以此规定教学活动，只有在具体的条件下，在特定的范畴中，教学策略才能发挥出它的价值。

一旦教学环境、教学内容等这些因素发生了变化，教学策略也要随之发生改变。比如，在教学前即使已经考虑了可能出现的情况，而在具体的教学过程中，一些预测不到的偶然性事件还是会出现，这时教师应该能够做到随机应变，对于所选择的教学策略进行适时的改变，以确保达到教学目标。

2. 外语教学策略具有操作性

外语教学策略是基于教学目标中的具体要求而形成的。然而任何教学策略的制定和实施都要求能够操作，也就是说可以转化为教师的外部动作，最终通过外部动作来达到教学目标。否则便无法在教学活动中实施以实现其实际价值，即使制定的教学策略再有创意也没有意义。因而，外语教学策略必须具有可操作性，才能够实现教学目标。

3. 外语教学策略具有调控性

教学策略不是万能公式，并且不存在能适应任何情况的教学策略，它的灵活性很大，可以根据具体情况进行适当的调控。同时，元认知理论也认为主体能够根据活动的要求，选择适当的解决问题的方法，监控认知活动的进程，不断获得和分析反馈信息，及时对自己的认知过程进行调控。在教学活动中有元认知过程的参与，就使得教学策略的调控性成为可能。具体来说，就是教师能够对自身所选择的教学策略进行自觉调节，及时把握教学过程中的各种信息。如果教学过程中的某个因素发生了变化，教学策略的调控性能够及时对其进行反馈和调整，从而保证教学活动的正常开展与目标的完成。

4. 外语教学策略具有层次性

教学具有不同的层次，那么适用于不同教学层次的教学策略也不同，换句话说就是教学策略也具有层次性。不同层次的教学策略的适用条件和范围不同。另外需要注意的是，相邻层次的教学策略之间是相互联系的，高一层次的策略可分解为低一层次的教学策略，并对低一层次的教学策略起着指导和规范作用。

（三）外语教学策略的分类

弄清外语教学策略的分类，对外语教学活动有着很大的意义：一方面可以有针对性地进行教学实践，因此提高教学质量；另一方面通过对教学策略更系统、更深入的研究，为教学实践提供重要的理论指导。依据不同的标准，外语教学策略有着不同的分类，主要有以下几种：

1. 根据外语教学策略的特点来分

这是根据外语教学策略自身的特性来划分的，可分为普遍性策略和具体性策略。

（1）普遍性外语教学策略

这一教学策略是指适用于听、说、读、写和翻译等各类教学内容的策略。在外语教学中，教师主要在课堂中对学生进行传道、授业和解惑，因此有效的课堂教学尤其重要，这离不开教师对课堂教学的精心组织和合理安排，以确保课堂教学能够顺利进行；教师在课堂进行的过程中要求学生对已学知识的复习情况和对新知识的接受情况进行检查，而这一目的经常通过开放性、发散性、理解性等一系列问题来达到；学生在学习过程中经常会出现问题，这时教师要采用各种方式对学生进行鼓励、引导和启发，激发他们的学习热情，使他们能够保持参加课堂活动的积极性，也要增强他们自信心；最后教师还要对学生学习中存在的问题、任务的完成情况、目标的达成度和策略的使用情况等做出评估，以指导学生更好地学习，也为自己的教学提供借鉴。根据上述对整个外语教学活动的介绍，可以总结出普遍性教学策略的内容应该包括组织策略、提问策略、激励策略和评估策略等。

（2）具体性外语教学策略

该策略是指用于培养学生听、说、读、写和翻译等能力时所使用的具体策略，这些具体性策略将在以后的章节中分别进行详细的介绍。

2.根据外语教学过程的环节来分

根据这一划分标准，可以将外语教学策略分为教学准备策略、教学实施策略、教学监控评价策略三个方面的内容。

（1）外语教学准备策略是指教师根据教学目标要求，分析教材，组织教法，分析自我和学生的具体情况，从而制订教学计划的策略。该策略主要包括的内容有确定教学目标的策略、设计教学内容的策略、选择教学方法和媒体的策略、安排教学环境的策略等。这一策略的正确选择与有效运用是良好课堂教学的开端。

（2）外语教学实施策略是教师在教学过程中使用的策略，包括的内容有先行组织者策略、概念教学策略等。它是保证课堂教学完整性的一个重要策略。

（3）外语教学监控评价策略是指教师对教学全过程实行主动的计划、反馈、控制、评价和调节等采取的策略，其内容主要包括监控和评价两个方面的教学策略。它的采用可以保证课堂教学的流畅性，从而有利于达到预期的教学目标。

3.根据构成外语教学活动的主要因素来分

根据构成教学活动的主要因素这一标准，可以将教学策略分为方法型策略、任务型策略、内容型策略和方式型策略四类。

（1）方法型策略主要是针对教学方法这一因素来制定的，可以把它具体分为讲授性策略和发现性策略。

（2）任务型策略主要是针对外语教学中的任务而言的，可以把它细分为讲解性策略、练习性策略、综合训练性策略和问题定向性策略等。

（3）内容型策略是针对教学内容这一因素的，根据其策略内容，可以把它分为直线式策略、分支并行式策略、综合式策略和循环式策略。

（4）方式型策略针对教学中师生活动的方式，也就是在课堂中教师和学生的活动方式主要是以谁为中心，因此可以把这一策略分为教师中心策略和学生中心策略。

4. 根据改进外语教学效果的途径来分

根据改进教学效果的途径这一标准，有学者将外语教学策略分为两类，即指导策略和管理策略。

（1）指导策略主要是对学生的学习活动进行适度的指导所采取的策略，包括给予明确的指导和解释，引导课堂活动和讲解家庭作业，给学生足够的机会或时间接受反馈和复习先前的知识。这一策略的选用能够给学生的学习效果带来直接的影响。

（2）管理策略是指教师通过对课堂教学的适当组织、安排，使学生形成良好课堂行为习惯的策略。

（四）制订外语教学策略的依据

外语教学策略的实施包括内容的安排、教学过程的实施、教学方法的运用以及教学组织形式的选择等，这些多重因素决定了教学策略具有复杂多变的特性。因此，在制订教学策略时，就要对这些因素进行充分的考虑，并要在此基础上保证教学策略的有效性，从而确保教学目标的实现。综合教学过程中的教学目标、教学对象、教学者等方面的因素，我们可以总结出制订外语教学策略的基本依据，下面对其进行详细的介绍。

1. 外语学习者的认知水平

现代教学观认为应重视学生学习的主体作用，可见学习者在外语教学中的地位逐渐凸显。学习者的认知水平主要是指学习者的学习风格、现有的知识技能水平、兴趣爱好等。这一因素决定着外语教学的起点，是制订教学策略的基础，因此外语教学策略要适应学生的基础条件和个性特征。那么制订教学策略时就要考虑学生对某种策略在智力、能力、学习态度、班级学习氛围等很多方面的准备或接受水平，保证所采用的策略能够调动学生积极的学习兴趣和态度。例如，在教外语单词时，把游戏引入课堂，这种方式在低年级学生中很受欢迎，是一种不错的教学策略。但如果忽视学习者的认知水平，那么所制订的教学策略往往会因缺乏针对性，从而不能产生好的效果。

2. 外语教师自身的能力

外语教学策略由教师来执行，因而可以说教学策略制订的主观因素主要在于教师。教师在制订教学策略时要考虑自身的能力，如教学风格、教学经验、心理素质水平以及性格等，这些都是影响教师教学能力的因素。通常教师在制订教学策略时，都倾向于选择与其教学思想、教学风格、知识经验、心理特征相一致的教学策略。这样使得他们能够对所选用的教学策略进行灵活的运用，否则就可能适得其反，因此收不到预期的效果。例如，让一个安静内向的教师去效仿和设计适合热情奔放教师的教学策略，这样做的结果不仅达不到教学目标，还可能会造成教师不知道该如何授课的困境，影响其能力的发挥。因此，教师在制订教学策略时，应努力发挥其主观能动性，同时克服自身能力中的不利因素，尽量做到扬长避短，才能在外语教学中有效地运用策略。经验丰富的教师，能够根据各种具体的教学环境及学习者的需要，制订相应的教学策略，能够把握好策略的调控等特性。但对于新教师而言，在起初他们需要更多地借鉴老教师的经验，然而借鉴不是简单的模仿。新教师在借鉴经验的过程中，要能够在所学经验及教学理论的基础上进行理性的思考，从而在教学中实现教学内容与个性的有机结合，逐渐形成一套适合自己的教学策略，以便促进教学的有效开展。

3. 外语教学内容

不同类型课堂的教材所采用的教学策略也不同，即便是同样的课堂类型，教学策略也会因具体内容的不同而有所变动。例如，在外语听说课中，教师通常会采取让学生分角色朗读的策略，这样可以起到以下作用：一是利于使学生在表演中理解词、句的意思，二是利于培养学生的口语表达能力。但是在翻译课上，这样的策略并不利于课堂内容的进行，因此一般不会使用。可见，某种教学策略对于某种课型是有效的，但对另外的课型所产生的效果可能就不会那么令人满意。

4. 外语教学目标

不同的教学目标与教学任务需要不同的教学策略来完成，而不是采取固定或习惯的策略来进行。比如，外语教学的初级目标是提高学习者对外语课程的兴趣和信心，因此在制订教学策略时应注重趣味性和实用性，以便促进目标的完成。但教学目标也不是一成不变的，它会随着教学的深入和学生知识水平的提高而发生改变。在这时，教学目标可能更侧重于知识内在的逻辑联系以及知识技能的迁移。教师应该根据已发生变动的教学目标给学生布置有一定难度的任务，激活他们的思维，培养他们自主探究的意识和能力，从而促进他们更深入、自主地学习外语。

5.外语教学环境

任何教学活动的开展都离不开教学环境，外语教学也不例外。教学环境包括的内容主要分为两部分：有形的物质环境和无形的心理环境。例如，教学设施、校风校纪、学习氛围以及周边环境等都属于教学环境的组成部分。在教学策略的实施过程中，影响比较大的是学校的教学设施。例如，外语听力课采用多媒体教学，良好的听力教室、多媒体设备等利于学生听力的提高。如果学校的教学设备落后，只是用录音机放磁带的方式进行听力方面的授课，那么教学效果肯定不尽如人意，并且教师在制订教学策略时也会在很大程度上受到影响。

二、外语教学策略设计与分析

（一）外语教学准备策略

课前准备是好的教学活动的第一步，其构成要素主要有三部分：教学目标、教学主体和教学材料。在设计与施行教学准备时也应该从三个方面来着手，即分析教学目标，其包括目标关键词化、目标行为化和目标演绎三个内容；分析教学主体策略，其包括的内容主要有两个：一是对教师自身状态的分析，二是对学生认知水平的分析；分析教学材料策略，其包括的内容有教学材料组织的结构化、教学材料选择的生活化和教学材料传递的情境化等。下面，我们将对这三个组成部分的内容进行详细的阐述。

1.分析外语教学目标策略

传统教学理论认为教学目标有狭义和广义之分。狭义的教学目标与学校和课堂联系密切，它是学校根据国家教育目的及学生生理、心理和知识的发展水平等实际情况而制订的教学计划。广义的教学目标是教育的目的或计划，因为它是把社会的需要转换成教育的要求，因此其所涵盖的内容范围比较广。为了达到外语教学目标，下面将围绕教学目标策略进行探讨。

（1）外语教学目标关键词化

这一教学目标策略是指教师在制订某一学科的课时目标时，用明确、具体、有针对性的关键词来表述，从而使得目标具有可操作性、可检验性，促进教学目标的实现。课堂水平的教学目标分为认知、情感和动作技能三个方面，它们在外语教学中构成了一个完整的体系。三种教学目标是按照由简单到高级的分类来对目标水平进行描述的，前一种水平的技巧是后一种水平技巧的基础。教师在制定教学策略时，应把教学目标的分类作为一个整体来考虑，这对发展教育目标、归类、分组目标的设置都起着重要的作用。如何区分相邻分类的关键词是运用该策略最大的困难，特别是教学目标没有被清楚地陈述时，更是难上加难。为了解决这个问题，教师应积极参加年级集体备课工作，在这个过程中分享各自的观点并且获取经验。

（2）外语教学目标行为化

美国俄亥俄州立大学的泰勒教授于1934年首次提出行为目标的概念。随后，马杰于1962年提出行为目标应由行为、条件、流畅水平或标准三部分组成。教师在目标行为化的过程中，应注意三个方面的内容：首先是教师应该对学生将要做的内容进行明确；其次是教师应该描述在什么条件下，学生行为将发生什么变化；最后就是教师应对期望学生达到的行为标准或成就水平进行规定。这几个内容是教师在执行该策略时容易把握不好的，因此需要给予关注。教学目标行为化的观点引起了较大的争论，马杰和一些学者认为，目标行为化明确了教师的目标，并对学生在教学中该做什么进行指导，为检验学习的结果提供了一种系统化的方法。而欧文斯登和亨肯斯认为，目标行为化的目标量太多，程序比较烦琐，并且在执行中可能引导教师集中在低水平的认知和技能目标的层面上，从而不利于促进学生对知识的理解和全面学习。虽然对这一观点的争论众多，但从教学目标指导、测量和评价的功能来看，目标行为化的优点还是毋庸置疑的。对其归纳下来，大致可以分为以下几点：①当目标行为化后，教师能根据其内容设计出更合适的教学方案从而满足学生的需要。而学生也能通过这一策略对其将要完成的学习任务有一个清楚的了解，从而更有效地利用时间，提高学习外语的效率。②目标行为化在某种程度上为教育规定了统一的标准，在此基础上，教师、学生、教育管理者和学生家长之间可以进行有效的沟通和交流，可以说它为人们提供了可以共同讨论的理论框架。③好的学习目标实际上已经把学习结果的检测方式和评价标准蕴含在内，行为目标只要稍作变化，即可作为测验题。可见，目标行为化可以使测量变得更简单，从而更利于教学反馈与行为的调整。

教师的实践表明，行为目标虽然有着明显的优点，但也有其局限性。这一局限性主要表现在两个方面：一是目标行为化比较适合于低级水平的教学目标的陈述，而较高级的认知目标尤其是情感领域的目标，很难从某个单一的行为中表现出来；二是如果教师太拘泥于这一行为目标，就会产生只看表面而不深究心理变化的现象，这样下来会使教学误入歧途。而且有些教师由于长期受传统陈述目标的影响，对行为目标应用起来普遍感到困难,对于他们来说,目标一旦行为化之后,反而不易理解已经列出的行为蕴含着什么样的心理变化了。由此来看,并不是所有的教师都能够运用好这一策略,如果有的教师想把目标行为化策略应用在自己的外语教学之中,必须具备三个基本条件:①进行系统的认知心理学理论和行为心理学理论的学习,还要进行必要的应用技术方面的训练;②掌握目标行为化策略的操作要求;③树立在教学准备时自觉运用该策略的意识。只有满足这三个条件,教师才可能有效地运用这一策略。

（3）外语教学目标演绎

在目标行为化策略中,所制定的行为目标都是非常具体的,可以观测、操作。但是,在执行的过程中,部分教师很可能对行为背后隐含的真正的教学目标意识不到,这就会产生把外语教学局限于表面行为的现象,从而达不到真正的教学效果。针对这一缺陷,格朗伦德采用描述内在心理和外显行为相结合的目标演绎来对教学目标进行陈述。具体来说,目标演绎指教学目标是从一般教学目标到一系列特殊的学习结果,每一特殊结果又与一般目标相联系。归纳下来,目标演绎有以下特点:

①目标演绎的目的是引导教师关注学生的行为变化,它是对学习者的学习行为结果进行的陈述,而不是针对教师的教学行为。

②目标演绎比较适合在陈述情感领域的教学目标时使用。因为情感领域的目标很多时候很难用具体的行为来体现,甚至有时行为的变化并不能说明情感得到了一定的发展,因此教师想要把握学生心理变化的实质,需借助一定的方法,而目标演绎是不错的选择。

③目标演绎没有提供行为产生的条件和相应的作业标准或者评价准则。格朗伦德认为,行为产生的条件和作业标准太具体化,容易限制教师在教学过程中的灵活性。

根据上述特点,在我国的中小学教育中,格朗伦德的教学目标陈述方式更容易被接受。

2. 分析外语教学主体策略

教学的主体主要是教师和学生。因此,教师在课前准备时首先要充分考虑自己的认知风格和自我的监控能力。认知风格是指个体在信息加工和完成认知任务过程中个体特征的具体表现,也是一个人的稳定风格在认知活动领域中的具体体现,其中这种稳定风格是在感知、记忆和思维过程中所具有的。威特金把个体的认知风格划分为两类:一是场依存型,这类人对客观事物的知觉往往以外在参照作为依据,态度和意向比较不稳定,容易受环境的影响;二是场独立型,这类人在认知活动中更多的是利用自己的内在参照来对信息进行理解和判断，很少受环境因素的影响。教师在外语课前准备的时候，应该对自己的认知风格加以分析，对其有一个整体性的认识。

对于教师来说，除了要充分考虑自己的认知风格外，还需要加强自我监控能力的分析与认识。教师对教学的自我监控能力主要是指在教学活动之前要结合个人的风格、特点和经验，分析所面临的教学任务和教学环境中的教材、教学时间、教学条件等有关因素，在此基础上确定教学目标，然后根据这一特定的目标对教学步骤进行安排，对教学策略进行选用，预先构想设计出解决突出重点、突破难点等各种问题的可能方法，并对其可能产生的有效性进行预估，以便在未来的具体教学活动实施期间监控教学进程，反馈、维持或者调整教学行为做准备。

另外，教师在外语教学中还应注重对学生状态的分析，对学生的起点能力、认知发展水平及风格有一个正确、全面的认识。比如，确定学生是独立型还是依存型，是整体性思维还是系列性思维等，这些都是教师课前准备的参考资料，应该将其都考虑进去，有利于教学的实施与完成。

3. 分析外语教学材料策略

教学材料是外语教学内容的各种载体，所选择的教学材料一定要符合学生的实际水平，下面介绍几种教学材料选择的方法，以供参考。

（1）外语教学材料的组织要具有结构性

外语作为一门课程不仅有着自己的结构，它内部系统的主要素之间还有着相对稳定的组织方式或联结方式。那么教学材料的组织也要具有一定的结构才能满足课程的需要。教学材料的结构方式有螺旋式组织、累积式的层级组织、渐进分化与综合贯通式组织等。如果教师在组织教学材料时能够保证其结构性，就有利于学生对知识的掌握、迁移和回忆，否则将可能造成学生对知识理解与掌握的混乱。

（2）外语教学材料的选择要与生活结合

教师在选定教学内容时，要将教的内容与现实生活结合起来，把学生学习的知识与他们周围的现实生活联系起来。采取这样的方式对外语教学能带来很多好处，比如容易激起学生学习外语的兴趣、利于学生对知识的理解和吸收等。

（3）外语教学材料的传递要情境化

教师可以利用各种情境来更有效地实现教学目的。这里的情境主要包括现实情境和创设情境两个方面。如果教师没有现实情境可以利用，这时就可以通过各种手段来创设情境，如借助教学媒体创设生活情境、问题情境、新奇的情境等，这样即使学生没有现实生活可以联系，也可以把他们带入一个特定的氛围之中，使学生不仅能产生浓厚的学习兴趣，更可以调动他们参与问题解决的积极性。总之，教师通过创设各种各样的情境，并使这些情境适合问题和教学实际需要，能更有效地利用教学材料，从而达到最佳的教学效果。

（二）外语教学组织策略

1. 外语教学形式组织策略

在现代教育中，教学组织一般分为班级教学、小组教学和个人学习三种基本形式。班级教学是教师向一个班级的学生传递教学信息的教学组织形式，这种形式最为普遍；小组教学是教师在教学中组织班级内的学生形成不同的小组，鼓励并引导他们传递和分享教学信息的教学组织形式；个人学习是教师指导学生个人根据自己的选择，接受和获得教学信息的教学组织形式，教师在其中扮演的是引导者的角色。在以上三种形式中，个人学习是人类历史上最早出现、最本质的学习形式。在人类社会分工之前，人类都是以手口相传的形式来学习。随着人类的社会化分工，教学逐渐强调规模效益，班级为满足这一需求就开始出现了。在班级教学中，教师会根据不同的学习风格、学习基础等，把学生分成若干小组进行教学，以便于能够在一个班级中统一授课。在外语教学中，依据不同的教学内容、学生的基本情况等，我们所采取的形式也各有不同。比如，我们讲解课文或说明语法内容时，通常采用的方式是班级授课；在组织任务实施时，我们通常会将学生分成小组，以便于信息共享；而对于需要记忆、背诵的内容的学习，我们自然是鼓励学生自己通过个人的努力去完成。当然，在教学中，我们应该根据需要，最大效度地使用不同的教学形式。以小组教学为例，按照原则，我们应该尽可能地根据教学目标，将学生分成小组来进行。但分组时并没有统一的标准，若任务需要不同能力学生的配合才能完成，我们就应该根据学生的能力水平，把不同能力的学生分在同一小组；若任务需要同一能力水平的学生才能完成，就应该根据学生水平把相同能力的学生分为一组。

另外，教学的这三种组织形式有着各自的优缺点，适合使用的条件和对象也是不同的。因此，在具体的教学中，我们通常不会只采取某一种组织形式，而是根据具体情况，结合使用三种不同的组织形式。

2. 外语课外活动组织策略

我国的外语学习是在汉语环境下进行的，因为没有语境，所以往往缺乏真实性，而且在教学中还存在外语学习时间不足的问题。那么，课外的外语语言学习活动，如自行看英文电影、看英文电视节目、阅读英文小说、用外语写电子邮件或者直接与外语本族语者交谈等，可以说是实现外语教学目标的必要的补充性教学活动。通过组织丰富多彩的课外活动，学习者能对所学的语言知识和技能有一个深刻的理解，如果长久进行，将有利于增强学生将所学知识和技能加以应用的自觉意识，从而逐渐培养外语交际能力。组织外语课外活动的策略中，有以下几个问题需要注意：

（1）教师在组织课外活动的过程中应起引导的作用。例如，学生想要在课外阅读英文小说，教师只需向学习者推荐即可。当然，教师在课外活动组织过程中不可干预过多，否则就会对学习者的积极性造成一定程度的打击。

（2）课外活动组织分为大型的课外活动和小型的课外活动两种，在外语教学中具体采用哪种类型要视情况而定。一般来说，戏剧表演是可以定期开展的大型的课外活动之一，可用来巩固和评价所学语言知识和技能。这类课外活动具有创造性的特点，对发挥学习者的主观能动性非常有利，同时还能促进学习者之间的团结与合作。外语角、外语歌曲比赛、外语报刊或手抄报等带有综合性的特点，这类实践活动也属于大型的课外活动，它们为学习者运用所学语言知识和技能提供了很好的机会，而且在组织实践中，学习者相互合作，有利于培养集体荣誉感。需要注意的是，这类大型的带有综合性特点的实践项目在开展前应该做好充分的准备工作。一般来说，一个主题明确的活动方案、相应的图示和文字说明是很必要的。

在教学中经常性的课外活动多是小型活动，其通常指由学习者一个人或一组开展的活动。例如，学习者用外语写日记，有条件的可以建立自己的外语博客；学唱外语歌曲和歌谣，这类活动是练习语法结构、语音规则、词汇和句子韵律等所学内容的有效方式；教师在教学中引导学习者参与游戏，也可以在呈现或练习所学语言知识时经常采用讲故事的方式，这样能够非常明显地提高学习效果。这些活动不仅有利于提高学习者使用外语的流利程度，同时还能增强学习者对所学内容记忆的效果。

（3）开展课外活动的目的是巩固已学知识和已经形成的语言技能。因而这类活动应定期开展，而且安排时间也要适当，通常的安排时间可以是期中、期末，也可以是外语节、艺术节等。值得注意的是，此时参与者在活动中是否使用外语应作为对学习者的表现或作品的重要评价标准之一。

3. 外语自主学习活动组织策略

自主学习活动强调根据自主学习的理念为学习者创建支持性的学习环境，使学习者之间在这种环境中易于形成良好的协作关系，学会自我管理和自我评价，逐渐成为自主学习者。可见，自主学习教学过程的核心部分是为学习者创设和谐、互助、自主的环境。具体来说，就是教师向学习者提供一定的阅读材料，以学习者自主学习为主，以相互学习和教师指导为辅，最终促进学习者知识和能力的发展与水平的提高。自主学习教学过程可以实现差异性教学，也就是说能够促使不同的人获得不同的发展，因此这种方式有利于激发和增强学习者的学习兴趣，还能较好地实现外语教学的情感目标。例如，每个学习者的认知风格各有不同，有的学习者喜欢独立思考，有的学习者更愿意与他人交流。这些不同的性格在外语教学中也表现为不同的学习特点。比如，对同一个问题的解决，有的学习者倾向于通过独立思考的途径，也有的倾向于通过学习者之间合作交流的途径等。在自主学习活动组织教学中，教师在学习途径或方式上不强求一致，鼓励学习者在这方面根据自身情况来选择，尊重并帮助学习者发展个性化学习途径和方式。

在外语自主学习活动组织的策略中，以下几点需要我们的注意：

（1）自主学习并非指学习者根据学习材料自学。事实上，以合作交流为特征的小组教学在自主学习教学模式中比较受提倡。通过小组教学，学习者作为学习活动的积极参与者，在与他人的积极合作过程中，一方面能够实现信息与资源的共享与整合，扩展和完善自我认知能力；另一方面合作精神和群体意识在活动中也能够得到培养。例如，教师设置问题，鼓励学习者进行主动的探索，从不同的角度以发散式的思维来探究问题中可能隐含的条件和规律，然后在组内交流各自的想法。这里需要注意的是，问题的设置应符合学习者的认知能力水平，还要具有针对性、层次性。这样，才能调动学生解决问题的积极性，逐渐培养学习者独立思考的好习惯，达到小组教学的良好效果。

（2）从学习者的全面发展要求看，教育学习者学会学习，培养学习者科学地提出问题、探索问题、创造性地解决问题的能力应是自主学习教学组织策略注重的内容。在自主学习教学过程中，教师并非旁观者，在向学习者介绍新材料或新任务、提出新问题时，教师应在学习活动的组织中扮演组织者或引导者的角色；在开展学习活动时，教师扮演合作者和促进者的角色。教师在参与学习活动的过程中，发现学习者理解问题的角度、深刻程度以及存在的问题，并适时地介入到活动中去引导学习者的讨论活动，或者肯定学习者在讨论中所持的正确的观点，以对学习者起到指导性的作用。当发现学习者在活动中遇到困难时，教师就应该成为点拨者，帮助学习者排除思维过程中的障碍，在这时，代替学习者解决问题并不是一种好的方法。同时，教师还要适时地扮演心理咨询者的角色，引导学习者学会倾听、理解、分享，鼓励学习者不断参与活动，帮助学习者树立学习外语的信心。

（3）激发学习者自主学习兴趣的动力源是思维情境。自主学习教学要求教师能够根据学习者的认知水平、已有的知识和学习体验等情况，设法挖掘学习者原有知识和课本内容之间的联系，并在教学中能够将课本中的结论性知识重新组织，使其成为能够得出某一结论、具有科学性特征的语言信息。通过教师这样整理的材料具有知识性、趣味性和讨论价值，贴近学习者的知识和体验，能够引发学习者的好奇心。这样使得学习者在教学中更容易入情入境，从而对学习活动产生浓厚的兴趣和强烈的探索欲望，那么也就易于促使自主学习行为的产生。

第五节　外语课程与教学研究方法

实用外语课程是为高职高专非外语专业学生开设的一门公共必修课，实行"以学生为中心，以就业为导向"的教学模式。建立"以应用为目的，实用为主，够用为度"的外语课程教学体系，旨在引导学生正确处理好语言基础知识和学以致用的关系，以及培养学生的学习兴趣和自主学习能力，为提升学生的就业竞争力及未来的可持续发展打下必要的基础。

一、关于教学内容

根据建构主义学习理论和语言学习的四个条件（语言的输入、学习动机、语言的使用以及教师的教授），本教程主要选自国外书刊，包括信息技术、姓名称谓、角色楷模、商业经济、人生态度、职业选择等，内容新颖、语言生动，并提供听说读写译技能的基础性综合训练，注重实际应用，培养学生一定的语言运用能力。

二、关于教学方法

多种课堂教学方法的运用：坚持"教师为主导、学生为主体"的教学理念，根据课程内容及特点，采用灵活多变的教学方法——教师讲授、情景教学、任务驱动、小组讨论、角色扮演、多人合作等，塑造学生的合作意识，增强主动性和参与性。

教师讲授。讲授行为是教师课堂教学最常运用的教学行为。教师教学讲授行为的设计技术水平制约着教师教学行为的效果和效率。灵活选择教学讲授行为方式，熟练运用教学讲授行为策略，可以优化教师教学讲授行为的设计技术，达到促进学生发展、提高教学质量的目的。

讲授式是在传统的课堂教学模式基础上逐步演化而形成的。这种模式以教师为主导。教师按照学生认识活动的规律，有计划、有目的地组织和控制教学过程。这种教学模式的特点是学生对所学内容从感知、理解到巩固都是在教师领导下进行的。教师完全控制课堂，掌握进度，可以充分发挥主导作用和正面教育的作用，有利于学生在较短的时间内系统地学习基础知识和基本技能，比较突出地体现了教学作为一种简约的认知过程的特性。讲授式最突出的教学目标是：通过教师的讲授，使学生掌握系统的基础知识和基本技能。其常用的基本程序是：激发学习动机—感知、理解知识—讲授新课—巩固运用—检查反馈。例如，在学习 Unit 6 Genetic Technology 时，学生可以在教师的讲授下逐步了解克隆技术，知道什么是克隆技术，它的优点是什么，弊端又是什么以及人们对于克隆人的巨大争议。通过教师的耐心讲解，学生对所学内容逐步理解、加深印象并掌握运用。

情景教学。所谓情景教学，即教师在教学过程中再现不同的会话场景，并通过教师本人的语言、动作、表情及姿态传递给学生，使整个教学弥漫着一种和谐、融洽、振奋、饱满的情感气氛，最终达到激发学生学习兴趣的目的。例如，在学习 Unit 2 Stories of Creation 这一课时，教师可以将不同的中外神话故事设置为会话场景，甚至可以借助多媒体增加视觉、音响效果，使学生置身于故事中，体会神话人物的喜怒哀乐并用外语思维自己演绎，提高学生的积极性。

情景教学提倡"以用为本、学以致用"，有利于学生通过视觉、听觉加深对外语的理解；有利于营造良好的语言环境，激发学生的学习兴趣，提高记忆效果和教学效率；有利于学生获得感性材料，把理论与实际联系起来；有利于调动学生用外语思维的能力和学生的非智力因素，变被动学习为主动学习。

任务驱动。课堂上采用任务型教学，模拟真实生活中的任务，任务的设计层层深入，同时多样化的任务又由课内延伸至课外，不仅可拓展学生的知识面，更可培养学生的学习兴趣，从而提高学生综合运用外语的能力。

任务型教学在课前、课中、课后都呈现任务，让学生在任务的驱动下用语言做事。这就提高了学生的学习兴趣，激发了学生主动参与的积极性，有效地改变了学生被动的学习方式。例如在学习 Unit 4 Role Models 时，课前可以给学生布置这样的任务：要求学生搜集一些楷模应该具备的特点，并用英文表达出来。课中可以布置这样的任务：

请学生简短讲述课文中的主人公具备了楷模的哪些标准。课后还可以布置这样的任务：完成短文写作"从楷模身上，我们可以学到什么？"如此进行任务设计，循序渐进，由简到繁，由易到难，前后枢连，层层递进，能够培养学生的语言综合运用能力。

任务型教学模式体现了"学生为主体，任务为中心，教师为主导"的教学思想。整堂课中，教师是学生学习的促进者、信息资源的提供者、课堂教学的组织者、自主学习的设计者。

小组讨论。教师在处理教材时应注意如何使学生利用小组活动来充分预习以及在课堂中让学生发挥主体作用，让学生充分参与。学生在合作中学习更有助于提高学生学习及参与的积极性。因此，应当发挥小组功能，让学生在合作中操练。例如，在Unit 3 Names这一课的课前热身时，可以安排学生分小组讨论。教师给出问题"Do you think there is a connection between a person's name and his or her life?Why or why not?"之后，可以将学生分成若干小组，每组不超过六个学生，指定一名组长，要求保证每个组员都有机会发言。讨论结束后，请每组派代表讲述他/她的观点，最后教师进行点评。

小组活动是课堂活动的主要形式，也是课前预习的重要形式。高效发挥小组合作的作用来完成任务是教师所努力、所追求的。

角色扮演。角色扮演是一个主要由学生自编、自导、自演的过程，要求学生自主参与，学生既是导演，又是演员。角色扮演的显著特点就是能体现出学生自主的言语活动，它需要有一个人做总体的安排与协调，具体指导大家相互配合。角色的具体分配也可由学生自行讨论决定。外语教学注重的是学生语言能力的培养，角色扮演为学生创造了主动参与语言实践活动的机会，让学生作为活动主体能够按照自己的愿望，在模拟"真实"情景中扮演角色用外语进行交际。这就意味着学生是角色扮演活动的主角。作为演员的他们，其责任、义务和行为要求都被重新分配。学生自主地对课文中的角色进行重新设计、包装或结合单元主题创造出新的角色，经过小组成员的共同讨论、设计、分配角色、台词准备等一系列策划后，在全班同学面前登台表演，在实际运用中学习语言知识，从而培养学生运用外语的能力。

例如，在Unit 10 Harry Potter这一课中，教师可以请学生来扮演课文中的角色。谁演哈利，谁演达德利，甚至谁演蛇，都将由学生讨论决定。确定好角色之后，由学生对课文中的故事进行编排，教师可以适当帮助学生寻找一些服装道具以求更接近人物要求，最后由学生进行表演。演完之后，教师与学生共同进行点评。教师也可以准备一些小礼物作为奖品以此来鼓励学生的辛苦付出。

多人合作。各小组成员共同合作，完成 team work、interview 或 tasks。合作学习并不是指学生整堂课都在讨论合作，但有效的合作学习也要给学生充足的讨论时间。因此，要在短短的课堂 40 分钟内组织好合作学习，就要求教师一定要科学选题，明确合作内容，确保合作的有效性。

合作学习的内容可以是一些具有开放性、探索性的问题。如在讲 Unit 1 The Information Age 这一单元时，通过开放性问题"What can we do on the Internet?"引发学生的讨论并总结"在网上我们能干些什么"。但交流前要让学生独立思考，形成自己的想法，别人发表意见时要尊重对方，注意倾听，也要敢于质疑，敢于争辩。老师要注意让学生在合作中互相理解、尊重、互助，使各个层次的学生都能得到相应的发展。

教师也可选择一些通过合作能互相帮助、互相促进、取长补短的问题。例如写作是外语教学中的一个难点，学生需要教师的点拨才能提高写作水平。但教师又不能每次都逐个指导，这个时候合作学习就十分必要了。通过同学间合作点评和互相帮助，学生容易接受且印象深刻。教师可把全班分成若干个小组，学生相互合作完成一篇文章；也可每个人完成一篇文章互相点评，取长补短，基础好的同学主动带动基础稍差的同学一同进步，从而在主动愉快的教学中迅速提高自己的写作水平。

实践教学的改革和建设是一个体现高职教育规律、不断适应和满足社会和教学需求的过程，需要不断地创新实践。只有建立科学合理的实践教学体系和实践教学规范，并在实践的基础上不断优化和完善，才能满足社会对专业人才能力素质的要求，发挥实践教学在应用型人才培养方面的重要作用。

第二章　现代信息技术与外语教学概述

第一节　现代信息技术与外语教学整合的优势及思考

信息技术的发展和普及，给教育带来了预想不到的机遇和挑战，"一块黑板、一支粉笔、一张嘴巴，众人听"的传统教学模式已经远远不能满足教学改革和课程发展的要求，在外语教学中亦是如此。外语教学其实就是对学生的听、说、读、写等能力的培养，要想获得最理想的教学效果，需要教师有效整合和合理运用声音、图像、动作及情境等因素。而作为信息技术标志之一的多媒体教学以其丰富、形象、生动的教学特点，为外语教学提供了广阔的平台。因此，信息技术与外语教学的整合不仅是顺应新课改的需要，也是培养学生外语综合能力的需要。本节探讨信息技术与外语教学整合的优势以及思考，希望更好地发挥信息技术在外语教学中的作用，从而最大限度地提高外语教学的效果。

一、现代信息技术与外语教学整合的优势

（一）有利于学生学习兴趣的培养

爱因斯坦说过："兴趣是最好的老师。"兴趣是激发学生学习的内因，当学生对所要学的内容感兴趣时，那么学习就已经取得了事半功倍的学习效果。多媒体外语教学实现了将外语知识由静态向动态的传播，这种声画交融的动态教学方式可以有效地将抽象的知识形象化、具体化、生动化，从而营造兴趣盎然的课堂学习环境，增强授课的趣味性。与此同时，还可以较长时间地吸引学生的注意力，达到激发学生兴趣、获得最佳学习效果的目的。

（二）有利于学生学习自主性的提高

多媒体网络技术具有信息处理和人机交互的功能。这种图文并茂可以及时反馈的

交互方式对外语教学具有重要的意义，它能够有效地激发学生的学习兴趣，使学生产生强烈的学习欲望，从而增强学习动机。在传统的外语教学过程中，大到教学的策略、内容、方法，小到教学的步骤、学生的作业都是由教师事先安排的，学生参与得很少，只能被动地跟着老师的步调走。而在交互式的学习环境中，学生可以根据自己的实际情况和学习需求，选择符合自己实际水平和感兴趣的内容进行学习和练习。多媒体网络技术为学生自主性、创造性的发挥提供了平台，能让学生真正成为学习的主人。

（三）有利于真实情境的创设

传统外语教学偏重语言知识的传授，尤其偏重语法词汇知识的讲解，而这些语言知识由于离开了真实的情境，远不能引起学生的学习欲望。现代信息技术在情境创设方面有着无可比拟的优势：声音、图像、动画、影像等多媒体的集成，可以最大限度地模仿自然界的声、色、形；巨大的容量可以提供大量情境素材；共享的特点可以消除时间和空间的障碍，让资源得到最充分的利用；交互性可以调动学生的积极性，扩展学生的思维；超文本链接符合人类思维的方式，可以满足学生的求知欲，拓展学生的知识面。总而言之，现代媒体能够集文字、图形、声音、动画等不同的信息形态于一体，突破时间和空间限制，为外语学习创设较真实的情境。

（四）有利于课堂教学容量的扩大

优质高效的课堂意味着高效率、快节奏。传统的外语课堂教学以教师、教材为主，有的教师由于受自身知识和能力的限制，不能给学生提供"大量的语言输入"；有的教师课堂教学只是照本宣科，做教材的"翻译员"；这些都阻碍了外语教学的有效实施。现代信息技术为教师提供了一个非常广阔的空间，教师可以运用多媒体技术，通过图片、文本、音频视频资料、网络链接等，扩充和丰富课堂教学内容，为学生提供更加丰富的教学资源，从根本上提高了教学效率，与此同时也弥补了传统教学模式的不足。除此之外，运用信息技术还可以节省提供背景资料等所需要的时间，从而增加学生练习语言技能的时间。

（五）有利于学生综合技能的发展

《外语课程标准（实验稿）》明确提出"倡导体验、实践、参与、合作与交流的学习方式和任务型的教学途径，发展学生的综合语言运用能力"。在网络交互教学中，学生通过信息交流，扩大信息来源，同学之间互相启发、诱导，从不同角度对同一问题进行分析、讨论，这有利于发散思维的形成，为创造思维的训练奠定基础。在此过程中，学生可以学会共同生活（learn to live together），学会求知（learn to know），学会做事（learn to do），学会发展（learn to be）。学生对分享和合作的体会，有利于学生综合技能的发展，而综合技能发展的意义远远超过学习外语语言本身。

二、现代信息技术与外语教学整合的思考

尽管现代信息技术为外语教学带来了种种优势，但是"技术是一把双刃剑"。多媒体是教师和学生沟通的媒介和工具，如果使用不当，则很难达到理想的教学效果。在现实的外语课堂教学中，信息技术与外语教学的整合还有很多值得我们思考的地方。

（一）关于教师教学思想的思考

现代教育技术是以现代教育理论为基础的，现代教育理论要求必须充分发挥学生的学习主体作用。教育技术的运用，不仅要能激发学生的学习兴趣，还要努力创造学习者可参与的环境，使传授知识和发展智能与素质培养统一起来。运用信息技术的关键是教师，但这并不意味着，只要教师采用了现代信息技术的手段，就可以达到提高教学效果的目的，也并不意味着其教学思想就是先进的。很多教师认为，运用了现代技术就是跟上了现代教育的潮流，因此盲目地滥用多媒体技术。如果只是采用了这些先进的手段，但课堂教学过程仍然是传统的以教师为中心的课堂，仍然是"填鸭式"的教学，那便是只重现象而忽略本质，远离了现代信息技术与外语整合的初衷。因此笔者认为，为了实现现代信息技术与外语教学整合的最优化，教师首先要做到的是选择适合自己学生的教学模式；其次，是转变教师的角色，即由教学者向平等的学习促进者的转变，由知识的传授者向导学者方向转变，成为课程的设计者、开发者、组织者和参与者。教学的重心从知识传授向全面综合素质提高的转变，成为团队合作者。

（二）关于教师教学实践的思考

外语课是否是多媒体展示课。外语是一门实践性很强的语言，必须通过大量的语言输入以及师生之间、生生之间大量的外语交流，才能达到培养学生外语交际能力的目的。然而由于有些教师对现代信息技术与学科整合的误解，有的教师片面地追求多媒体教学课件的精美和展示，把本应由教师讲述的内容演变为多媒体演示；用网络的信息交互替代师生之间富有思想和情感的交流；用冷冰冰的人机对话来完成学生和教师、学生和学生之间应有的合作和讨论。事实上，现代信息技术并不只是CAI、CALL，也不能简单地等同于使用计算机、投影仪或网络教室等现代教育设施来上课。信息技术的应用涉及硬件和软件两个方面。笔者认为课程的教学设计、系统的分析方

法、学习资源的科学安排和使用这些软件方面所起的作用远比硬件的作用大。在外语课堂上，计算机的模拟对话代替不了人与人之间的自然语言，计算机已经设定好的思维模式代替不了人的思维，尤其是用目标语来思考的思维模式。因此，在信息技术与外语教学整合的背景下，不能把外语课上成多媒体展示课。

教师如何把握好外语课件的制作。信息技术与外语教学整合对硬件设备的要求很高（包括多媒体计算机、局域网等），而且要求学生具有操作计算机的能力，这是教学实践中所面临的问题。但相比软件而言，硬件框架已成规模，虽然维持网络正常运转的费用较高，但是软件方面的投入尤其是多媒体课件制作方面的投入严重偏低。而目前大部分教学软件来源于开发商，软件开发商侧重的是盈利，因此在思想性、知识性、启发性方面有所忽视。笔者认为，硬件设备的配备和维护、学生操作计算机能力的提高，都是可以很容易解决的问题，有句俗语叫"只要是可以用钱解决的问题就不是问题"。但在教学软件和课件制作投入偏低的情况下，教师对课件制作的把握不是时间长短可以解决的。一节课中，教师选取的信息量能够在多大程度上被大部分学生吸收？应该留下多长时间让学生思考？课件操作过程中需要学生懂得怎样的计算机技术，是否符合学生的认知水平？这些问题需要广大外语研究者和一线教师不断地进行研究和实践，构建具有针对性及实践意义的教学模式，使信息技术与外语课堂教学更好地结合在一起。

第二节　基于现代信息技术的大学外语互动教学研究

人类社会进入 21 世纪以来，科技的跨越式发展加速了不同产业和领域的深度融合，其中现代信息技术对其他领域的交叉推动作用尤为明显。但是在此背景下，教育领域的改革起步较晚，大学外语的改革更应当顺应时代潮流，加快与以现代信息技术为基础的互联网等技术的融合，不断推动教育的信息化，从而实现自身的改革与发展。另外，我国高等院校大学外语的大环境也不容乐观：从内部层面看，大学外语教学方式陈旧，学生缺乏学习兴趣与动力，教学内容脱离社会实际；从外部层面看，外语考证热和高考改革的"去外语化"让大学外语的作用饱受社会质疑。因此，在面临大环境外部压力和高校内部改革需求的双重作用下，我国高校的大学外语教学改革已是势在必行。

一、信息技术与课堂互动的概念

信息技术。从广义上来说，信息技术是指充分利用与扩展人类信息器官功能的各种方法、工具和技能的总和。它强调的是从哲学角度阐述信息技术与人的关系。从狭义上来说，信息技术是指利用计算机及网络等各种硬件设备和软件工具等综合方法，对文图声像各种信息进行获取、加工、存储、传输与使用的技术之和。它强调的是信息技术的现代化与高科技含量。总的来说，信息技术包括了信息媒体和媒体应用方法两个要素。如今人们在各个领域中广泛地运用信息技术；在教育领域，信息技术主要是指利用基于计算机技术的网络技术和多媒体技术进行教学活动。

课堂互动。课堂教学互动是指师生互相交流、共同探讨、互相促进的一种教学组织形式。广义上的课堂互动是指教学过程中各种要素之间的相互作用和相互影响，包括师生互动，学生与学生之间的互动，教师与教材之间的互动，学生与教材之间的互动，教师与教学媒体之间的互动，学生与教学媒体之间的互动。而狭义上的课堂互动仅仅指教师与学生以及学生与学生之间的信息互动与交流活动，笔者所指是狭义角度的大学外语课堂互动，即大学外语课堂上教师与学生以及学生与学生之间的互动交流活动。

二、影响大学外语课堂互动教学的主要因素

教学参与对象因素。参与大学外语课堂的对象主要是由教师和学生构成的。其中授课教师作为课堂教学的重要组成部分，在教学互动过程中居于主导地位，因此教师的各种活动和行为都会对课堂互动产生影响。现今我国高校的大学外语课堂教学中，教师大多只是充当信息技术的操作者，并未形成真正意义上的互动。其主要原因在于：第一，教师的教学理念陈旧。随着时代的变更，由教师主导的传统的课堂教学观念已经不能适应如今大数据背景下的信息化教学。很多年长资深的教师已经习惯于过去"传输知识型"的教学模式，而且他们对互动式的教学认识不深或者抱有抵触情绪，认为互动会影响课堂教学秩序。虽然这种想法有一定的合理性，但它也在无形中放大了互动教学的弊端。第二，学生的互动意识和学习态度欠缺。由库尔特·勒温（Kurt Lewin）提出的场动力公式 $B=f(P*E)$ 可知，学生个体内心驱动力不强导致了课堂互动的不足。首先，学生的内在驱动力会受到性格的影响。一般来说，在课堂互动中个性比较活跃的学生要比个性安静的学生的互动意识更强。

教学内容因素。Krashen 的"输入假说"指出，教师应当在交际中给学习者提供足

够数量的语言材料，并且这种材料是能被学习者所理解的语言材料，而这些语言材料的选择就决定了课堂互动模式的不同。比如，听力在大学外语教学和考试中的重要性决定了听力材料在课堂教学中必须大量运用。教师需要通过大量的训练才能有效提高学生的听力能力，但是听力材料的特殊性强调教师在课堂互动中运用信息技术"输入"听力材料后，还应为学生预留足够的"输出"机会。因此，大学外语听力课应当是教师为主的混合型课程模式。所以，在大学外语的课堂中，语言材料的输出比重任然偏少，教师与学生的互动比很不平衡。

技术设备因素。目前我国很多高校都面临着信息资源尤其是优质资源短缺的问题。在信息化时代，信息的更替速度直接影响着教学质量。一方面，优质的信息资源的便利性和多样性会在一定程度上促进课堂互动；另一方面，优质信息资源也能为学生和教师提供更多的选择性，从而让教学双方能够更有效率地投入到课堂互动中。另外，硬件设备是信息技术环境的重要组成部分，同样会对课堂互动产生一定的影响。大学外语课堂互动是基于一定的信息环境开展的，因此传统的板书式硬件设备会主要以教师讲授为主，在一定程度上减少了互动的触发性；反之，运转流畅，优质高效的现代化信息设备势必会增加教学双方的互动参与性和积极性，从而提高教学效率。

三、大学外语课堂互动的优化策略

教师教育观念的转变和自身素质的提高。第一，作为信息化时代的大学外语教师应当积极转变教育观念，建立起教学双方的平等意识，主动加强与学生之间的交流和互动，从而为课堂互动设计创造有利的前提条件。第二，完成自己身份的转换，让教师由管理者变成组织者和引导者。教师要在课堂教学中加强与学生的互动，通过设计多种形式的教学活动来培养学生的主体意识，最终帮助学生构建课堂互动中的平等主体地位。第三，信息化条件下的大学外语课堂互动不仅要求教师拥有先进的教学理念，还要求教师具备较高的专业素质。教师应当利用教学之余，坚持学习钻研本学科知识，为自己充电。同时注意吸收国内外在自身领域的先进理念和经验，不断更新自己的教学观念和创新策略，并将此应用到课堂互动教学中。

现代信息技术在大学外语教学中的合理运用。第一，合理分配信息技术的适用环节，重点在于情景预设。鉴于传统教学缺少直观感受，教师可以通过情景预设帮助学生弥补真实情境的缺失和语言上的认知冲突，从而激发学生的活动参与性和互动欲望；同时也能够让学生更好地融入课堂环境。第二，重难点突破。大学外语中存在很多枯燥的语法讲授，如果教师能够运用自己设计的图片或视频来进行呈现的话，课堂教学将会更加生动活泼和有针对性。第三，学生自主学习。随着信息化时代的来临，教师应当利用国际上兴起的丰富的慕课资源，为学生准备带有启发性的多媒体课件，作为辅助他们自主学习和研究的工具。

教学评价策略的合理运用。第一，因材施教，加强对学生的主观性评价。在课堂互动教学中，教师应当多使用带有鼓励性质的语言来评价学生。这些主观上偏向积极的评价将会对学生产生正面良性的心理暗示，同时能够增强学生自信，激励他们参与互动的积极性。第二，注意评价的及时性和滞后性。比如在学生练习大学外语口语时，教师应当对学生的回答做出及时评价和反馈，这样才能及时实现与学生的互动。而在课文讲授的问答过程中，教师则需要综合多个学生的回答才能做出最终的延时评价。因此，只有综合合理使用及时评价和延时评价，教师才能有效实现课堂互动。

综上所述，在信息化时代的大背景下我国大学外语教学应当积极顺应时代的发展潮流，一方面吸取国内外先进教学经验与成果，另一方面坚持内部自我改革。在大学外语面临"内外交困"的局面下不断探索具有中国特色的大学外语互动教学模式，最终实现促进大学外语教学，提高教学质量的目的。

第三节 移动信息技术下大学外语写作教学的困境与对策

写作是语言学习者外语综合应用能力的重要表现形式。大班课堂教学下师生信息反馈不够及时，造成写作教学"费时低效"。移动信息技术的迅猛发展，为大学外语写作教学延伸到课外提供了良好的机遇。本节围绕大班写作教学的困境和挑战，探讨移动信息技术应用于外语写作教学的优势，提出利用移动信息技术开展作文写作、批阅、修改及交流的新对策。

一、大学外语写作教学的困境

作文批改量大而广、负担重。现在大学外语课程基本上采取按专业合班教学的大班方式授课，教师一节课甚至面授上百名学生。受时间、空间、人数的制约，目前大多数公共外语写作教学仍然按照"教师课堂讲解课文→布置写作题目→学生课外练习写作→教师批改作文→批阅后发回学生"的模式展开，师生间信息反馈不够及时，造成写作教学"费时低效"；加之如今互联网高度发达，任意一个命题作文，学生都可上网搜索到范文，抄袭现象屡禁不止。

课堂内外衔接不力。目前的大学外语课堂无论是黑板加课本的教学模式，还是多媒体演示的教学方式，都是一对多的教学方式，也体现了教师主动教学，学生被动接受的特征。外语本身拥有广阔的天地，很多知识不是从课内获得，而是从其他活动中，从社会生活中获取的，但目前的教学却常常硬性地将课内与课外一分为二，只注重课堂教学，从而忽略课外知识技能的衔接，导致课外拓展和延伸功能被漠视。

学生对教师书面反馈的过分依赖。许多学生，特别是大一新生还停留在高中阶段保姆式教学对教师过分依赖的习惯定式中。他们认为上交书面作文就是为了教师能给他们指正语法、词汇、拼写、标点等语言错误。显然这种依赖心理也影响了写作教学的高效。

二、移动信息技术应用于外语写作教学的优势

现代移动信息技术的迅猛发展及智能手机的广泛普及，给大学外语教学改革带来了新的思路和手段。特别是智能手机的移动便携、上网即时、储存量大、下载学习软件方便等优势已被广大师生认可。据调查目前大学生智能手机的拥有率已达到99.8%，微信、QQ平台最受青睐，这无疑为开展课外外语写作教学提供了无限可能和良好的机遇。具体体现如下。

打破时空的限制，外语学习成为随时随地的移动学习。智能手机的移动化、网络化及丰富的外语学习软件资源，使得外语写作练习可在任何时间任何地点进行，不再受时间、空间及人员的所限。

强化师生的交互性。智能手机已成为移动学习的理想平台，它与传统大学外语课堂教学模式相呼应，成为大学外语课堂的延续和补充。它能够延伸大学生课后外语学习的时间、促进师生间的交流和互动、改善大学外语的学习效果，加强了师生的互动和交流。

三、移动信息技术下写作教学的对策

教师可通过智能手机的QQ、微信平台，编辑短信、发送文件等形式布置写作任务、在线检查、批阅学生作文；学生也可将写作遇到的困难和问题及时在线反馈给老师；通过批改网完成写作前、中、后三阶段的写作辅导等教学环节，培养学生自主写作能力，提高写作教学效果。建议采取以下策略。

以写促学。学习外语离不开写作。初始阶段的写作教学可侧重"写长法",即不限制题材,任其发挥,写得越长越好。要求每个学生每周通过QQ群提交一篇网上作文,提倡使用新学词组、句型。每周每组推选或抽查最好作文转发到其他班交流、学习,一篇最差作文供教师通过QQ或微信平台集体点评。通过开展大量课外写作实践活动,促使学生充分利用课外碎片式时间开展自主式、合作式学习,有效促进课堂内外的有机衔接,以此来减轻教师批改作文的负担。

读写结合。该阶段的写作教学以限制题材为主。教师通过QQ或微信网络平台,每节课后推送一篇外语美文或名作供学生阅读、赏析。大量输入阅读,可培养学生审题、遣词造句、段落组织等语言综合能力。让学生以宿舍为单位先纸质互阅互批并打分,再结合"句酷批改网"显示的分数,平均后记作平时成绩。以此培养新生的自主管理和服务意识,摆脱对教师批阅的过分依赖。

改革提交方式。后期的写作教学以网上限时(30分钟)为主,在线完成并提交某种题材的命题作文,可大量减少作文抄袭现象。教师通过"批改网"软件,及时线上批阅作文,再就共同问题给予辅导答疑,师生互动更通畅。

现代信息技术给外语写作教学带来良好的机遇,但任何技术毕竟只是教学的辅助手段,是课堂常规教学的补充和延续。因此,教师要以学生为中心,充分利用移动信息技术的优势为学生开辟新的写作视窗,通过网络平台将外语教学拓展到课外的时间和空间,开展在线作文写作、批阅、修改及交流,使学生在大量充分的语言实践与应用过程中提高写作技能。移动外语教学模式还有巨大的研究潜力待开发。

第四节 自媒体时代信息技术与大学外语ESP生态化教学

随着经济全球化的不断深入,社会对人才提出了越来越高的要求。《国家中长期教育改革和发展规划纲要(2010—2020年)》指明,中国需要培养"具有国际视野、通晓国际规则、能够参与国际事务与国际竞争的国际化人才"。显然,经外语专业教学培养出来的外语人才由于缺乏专业技术领域的相关知识,并不能完全肩负起社会给予各种专业技术领域国际化人才的重任。全球化时代,开放包容的中国需要大批精通外语的、具有扎实专业背景的国际人才来承担起发展经济、对外交流的使命。因此,如何培养优秀的"外语+专业"复合型人才也就成了现阶段大学外语教学面临的首要任务,同时也是前所未有的机遇和挑战。在这样的大背景下,为了保证学生毕业时能够用外语进行与专业内容相关的沟通与交流，过去以"通用外语"EGP（English for General Purpose）为主流的大学外语教学开始默默向"专门用途外语"ESP（English for Specific Purpose）转型。

21世纪，自媒体时代信息技术的飞速发展对教育领域产生了深远的影响，为大学外语ESP教学提供了前所未有的拓展空间。随着信息技术进入大学外语ESP课堂，不仅是课堂教学改革各个环节的巨大推动力，也打破了传统大学外语ESP教学的生态平衡，给教学带来了新的挑战。2010年，陈坚林教授在《计算机网络与外语课程整合——一项基于大学外语教学改革的研究》一书中指出，大学外语教学必须创建"教学理念国际化、多媒体教学正常化、课程管理三级化和教学环境生态化"的生态化教学体系。鉴于此，本节将从教育生态学的视角分析目前大学外语ESP教学生态系统中，各生态因子之间的失衡现象，尝试借用自媒体时代现代信息技术解决教学中的生态化难题，构建大学外语ESP教学模式，营造生态化课堂环境，培养学生过硬的外语综合运用能力、外语学术交流能力以及跨文化交际能力。

一、教育生态学的发展

教育生态学开创性地融合了教育学和生态学两大领域的知识成果，是一门典型的交叉边缘学科，可是它却为大学外语ESP教学的研究打开了一种全新的思维方式。20世纪30年代，"课堂生态学"（Ecology of Classroom）这一概念在美国教育学家Willard Waller的《教学社会学》一书中首次被提及，随后便引起了学术界的广泛关注。20世纪60年代，教育学家E.Ashby进一步阐明了"高等教育生态学"的理念。1976年在Lawrence Cremin的《公共教育》一书中，这位前美国哥伦比亚师范学院院长分享了他对于教育生态学的理解，并正式提出了"教育生态学"（Ecology of Education）这一术语。教育生态学创造性地将生态学的基本原理，如生态系统、生态平衡等，应用于各种教育现象及其成因的研究，揭示了教育发展的规律和趋势。教育生态学的研究在20世纪80年代以后进一步拓展、深化，其间标志性的研究成果层出不穷。例如，C.A.Browers在1990年至1993年间对教育生态学领域进行了一系列宽泛而深入的研究，既包括课堂生态等微观层面，更涉及了教育、文化和生态危机等宏观层面。2001年Tudor撰写了《语言课堂之动态性》一书，自此，学界对外语课堂教学的研究朝着生态化的方向发展。

而国内学者们对教育生态学的关注则是在20世纪90年代后，逐渐形成了较为系统的理论框架。吴鼎福、诸文蔚、范国睿等陆续出版了各类专著，从宏观层面上深入探讨教育生态学的基本原理，教育资源与教育生态，可持续发展战略等问题。但纵观教育生态学在中国的发展，学者们的研究大多集中于宏观层面，而缺少对微观层面的研究，诸如课堂生态的系统、生态因子等不够深入具体。

教育生态学将教育中涉及的问题纳入生态学的范畴考量，把教育视为一个统一的生态系统。借助教育生态学的观点探讨大学外语 ESP 教学中，各生态因子之间的相互联系、相互影响、和谐发展，以及发展过程中各生态因子之间不可避免的失衡现象，为大学外语 ESP 教学的研究打开新的维度，提供值得借鉴的理论依据和实践指导。

二、传统大学外语 ESP 教学中的生态失衡现象

"课堂生态"被 Doyle & Ponder 定义为"对教学环境产生影响的互相联系的过程和事件所形成的网络"。大学外语 ESP 课堂也是一个由教师、学生、教学内容、教学事件等生态因子共同组成的有机、统一、动态发展的微观生态系统。各生态因子之间互相联系、互相制约。与其他的生态系统一样，它同样具有整体性、开放性、共生性、可持续发展性等特征。师生是该生态系统的主体。

在我国传统的大学外语 ESP 教学中，该生态系统内部各生态因子之间也不可避免地存在失衡现象，主要表现在以下几个方面：

（一）大学外语 ESP 教学生态主体与生态的失衡

由于种种客观因素的影响，不管是曾经以"通用外语"（EGP）为主的大学外语教学，还是向"专门用途外语"（ESP）转型后的大学外语教学似乎都逃不过大班授课的命运。因此，从生态环境的角度看，"学生密度"过大且课堂生态空间"超负荷"，平均到每个学生身上的教学资源极其有限。此外，语言教学过程中，师生的频繁互动对学生语言能力的培养十分重要。在大班教学模式下，由于学生过多、师生互动困难，故学生对自己的缺点和不足往往得不到及时反馈，因而不利于其语言能力的提高。这显然违反了教育生态理论中的"耐度定律"和"最适度原则"，对语言的教学是十分不利的。

（二）大学外语 ESP 教学内容与教学目标的失衡

随着 ESP 研究的不断深入，学界陆续出版了各种各样的 ESP 教材。但正如蔡基刚教授分析的那样，现阶段看来，国内学界对专门用途外语，尤其是其理论发展缺乏深入研究，仅仅是把专门用途外语范畴中的商务外语、医学外语、法律外语、科技外语等名称照搬过来，并没有对教学内容和教材实质进行系统分析，这样编写出来的教材，

其目的、内容和教学法与真正的ESP教材完全不同，因而并不是严格意义上的ESP教材。纵观目前国内出版的ESP教材，大部分确实存在上述问题，将ESP教材和全外语专业教材混为一谈。这些教材的编写者大多过分强调ESP教材中专业知识的系统性与全面性，大量生僻的行业用语随处可见，不仅让学生望而生畏，而且对只通晓基本行业知识的ESP教师也是极大的挑战。事实上，ESP教材并不等同于全外语专业教材，"语言"才是ESP教材的重点，而"学科内容"只是媒介。ESP教学的目标应该是"训练学生特定学科里的语言能力而非传授学科内容和知识"。通过学习这些主题与专业相关的外语文章，帮助学生掌握特定领域里的语言知识，进而提高他们的外语学术交流能力和跨文化交际能力。显然，目前国内大部分ESP教材的编写过分强调"学科内容"的掌握，偏离了ESP教学的初衷。

（三）大学外语ESP教学评价与学生能力培养的失衡

长期以来，社会大环境迫使我国大多数高校至今仍以四、六级通过率来衡量大学外语教学是否成功。然而，随着时代的发展和我国中小学基础教育质量的提高，社会对高等教育中学生外语能力的要求早已是过去以"通用外语"（EGP）为主的大学外语教学模式所不能满足的。中外合作办学的蓬勃发展和MOOC时代的来临迫使大学生如果想要在专业上有所建树，就必须具备能听懂外语专业讲座、能读懂外语专业文献和能用外语撰写研究论文的能力。如果大学生仅有一般的外语综合应用能力，不具备专门领域或特定行业的外语工作能力，在全球化经济时代很难适应社会对各行各业国际人才的要求。显然，现阶段大学外语ESP教学生态系统中，教学评价机制远远跟不上当今社会对学生能力培养的要求。教师应从片面强调词汇、词组、句法等语言知识和技巧训练的桎梏中解放出来，真正重视专门用途外语教学，重视学生外语学术交流能力和跨文化交际能力的培养。

（四）大学外语ESP教学中师生主体地位的失衡

在课堂教学中，师生无疑是两个最为重要的生态主体。在传统大学外语ESP课堂上，知识传播的主要方式还是由教师指向学生这种传统的单向式传播，教师仍是教学活动的中心，学生被迫接受。学生"人口密度"过大很大程度上制约了师生之间的合作与互动，学生之间的合作与交流更是少之又少，因此，学生主体作用的充分发挥则无法保证。当今社会外语的应用性特征越发明显，将来的外语学习不再是单纯的外语学习，社会发展需要多元化、专业化的外语人才。在这种大环境下，缺乏自主学习能力，缺乏主动性、创造性的学生必然经受不住社会的考验。

三、借力信息技术，构建大学外语 ESP 生态化教学模式

在今天的高等教育中，ESP 教学日趋成为大学外语教学中的一个重要组成部分，当然也是薄弱环节。事实上，ESP 教学是大学外语教学生态系统内部的一个更为微观的教育生态子系统。在大学外语 ESP 教学活动中，师生是生态系统的主体。如前所述，和其他任何生态系统一样，其内部也存在种种不可避免的失衡现象。如何在现有的条件下，借助自媒体时代现代信息技术解决 ESP 教学中的生态化难题，构建具有开放性、整体性和可持续性的良性生态系统确实是值得我们深思的问题。

（一）营造生态化学习环境，提供支持性学习资源

语言能力的培养需要在健康和谐、有利交际的氛围中进行。在大学外语 ESP 教学微观生态系统中，教师和学生是两个最关键的生态因子。语言教学中，语言知识的传授与语言技能的训练很大程度上依赖于师生双方高效的交流与互动。我们在教学中常常会发现紧张的心理状态不利于语言的表达，不但教师如此，学生亦是如此。因此教师应尽可能营造宽松的心理环境，鼓励学生大胆表达不同的见解，使学生在毫无负担的情况下充分发挥其主观能动性和创造性，进而保证语言教学得以顺利、高效地开展。

事实上，在真实的课堂环境中，我们往往会发现，尽管教师想方设法活跃课堂氛围，可是相当部分的学生还是因为害怕丢面子而不敢参与互动，使得教师不得不"一言堂"。在自媒体时代，我们完全可以借助论坛、博客、微博、微信等信息手段将课堂无限延伸，搭建师生互动、生生互动的第二课堂语言学习平台。在虚拟的网络世界中，学生往往不会再有丢面子的负担，进而能够勇敢地交流、表达。

此外，自媒体时代先进的信息技术、丰富的网络资源，为我们的教学提供了海量的可供参考的素材。以微信为例，目前国内有不少针对外语学习爱好者而创建的微信公众号，例如"专门用途外语""蔡雷外语"等，定期推送内容丰富的资讯。教师完全可以通过关注这些微信公众号，掌握最为前沿的外语知识。再有选择性地将这些知识与教材有机融合，利用优质的教学内容吸引学生的深度参与。教师也可让学生自己关注这些微信公众号，相比较枯燥的课文，这些有趣的知识往往更能引起学生的共鸣，激发学生学习语言的兴趣。而自媒体时代这些来自自四面八方的不同的声音，使得学生不再被一个"统一的声音"告知对或错，他们会渐渐学会从独立获得的资讯中，对事物做出正确的判断，有利于学生批判性思维的培养。

可见，信息技术的有效利用无形之中帮助我们营造了相对安全的心理环境和适度的空间环境，避免了课堂生态空间的"超负荷"，兼顾到了生态主体的耐受度。这样一来，可以将每个学生教学资源的占有率最大化，使作为课堂生态主体之一的学生，他们的生理和心理压力得以充分释放，进而促进他们的学术外语交流能力和跨文化交际能力的培养。

（二）构建"以学生为主体、以能力为本位"的生态化教学模式

在传统的大学外语 ESP 教学中，生僻的、冷门的专业词汇随处可见，为了使学生掌握这些专业词汇的用法，教师往往需要不断地解释、举例，一节课下来留给师生互动的时间着实不多。教师被迫成为课堂的主体，而学生依赖教师的讲解获取知识。但是在海量资讯唾手可得的自媒体时代，教师早已不是知识的唯一来源，我们不能再固守落后的传统教学理念，应该变完全掌控的"一言堂"为师生间的"平等对话"。

生态系统中，任何生物都具有"自主-依存"的双重属性，因此，无论是在人类还是动物世界中，"自主、合作"的关系随处可见。课堂教学亦是如此。"自主-合作"的生态化教学模式可以最大化地发挥学生的主观能动性，培养他们发现问题、提出问题、解决问题的创造性思维能力。

语言学习的效果在很大程度上依赖于所接触的语言的量和内容，真实自然的语言环境对于语言技能训练至关重要。自媒体时代信息技术因子的导入将会使大学外语 ESP 教学打破时间和空间的界限，在开放的生态系统中寻求"教"与"学"的平衡发展。在"自主—合作"的教学模式中，教师可在课前布置若干教学任务，抛出本堂课要解决的若干问题，再利用自媒体平台引导学生学习、讨论，最终汇报与展示学习成果。例如，生僻的、冷门的外语专业词汇可以布置成预习任务让学生提前搜索，在开放的网络环境中他们学会辨别信息的真伪，进而学习、理解、掌握外语专业词汇的意义和用法，效果往往比教师在课堂上扯着嗓子反复强调要好得多。在传统大学外语 ESP 课堂上教师往往需要花整节课去讲解的语言知识完全可以录制成通俗易懂的微视频或电子课件，发给学生利用碎片化的时间课前自学。同时，自学过程中，学生之间可以利用 QQ、微信等社交平台分享学习心得，教师亦可以通过这些了解学生的学习进度，解答学生自学中遇到的难题。通过学生前期的自主探究、交流讨论，他们会对知识形成自己的理解，进而在课堂上针对教师课前抛出的问题进一步探索、解决，汇报和展示自己的学习成果。

在这一过程中，同为课堂生态主体的教师和学生间互相尊重，彼此配合，协同发展。

师生互动、生生互动的大学外语 ESP 生态化课堂得以实现，学生的自主学习能力提高，外语学习更为个性化、自主化、专业化。

（三）构建基于信息技术的多维度测评体系

构建基于信息技术的多维度测评体系是大数据时代下大学外语教学改革的重要环节之一，是实现人才培养目标的重要途径。在大学外语 ESP 教学中，利用信息技术提供智能化的评价和测试方式应得到更多的重视。以网络平台为依托，建立多维度测评体系，基于多元层级共时历时的数据分析，提供适合时代发展的智能化评价和测试方式，将日常教学、自主学习和测试评估有效结合。学生可随时自测自己的知识掌握情况，教师也能通过自媒体平台、信息技术实时跟踪和了解学生的学习情况、学习成效，师生间可及时沟通、反馈，教师则可据此进一步调整教学内容与节奏。

（四）完善网络教学平台及移动学习平台资源建设

自媒体时代，大学外语 ESP 教学活动的开展离不开网络教学平台及移动学习平台资源建设。中国经济高速发展的今天，自媒体平台的发展、支付方式的改革，使得人们的生活一刻也离不开网络、离不开手机。如今，在大学校园里学习的"95 后"更是从一出生就浸润在电脑、手机、互联网的世界里。他们的学习方式与习惯已发生了翻天覆地的变化。这一切都在呼唤着高等教育的改革与创新，王守仁教授也曾指出，大学外语要大力推进教学与信息技术的融合。

事实上，各大高校普遍重视网络自主学习平台的建设，基本每所高校都有自己特色鲜明的大学外语网络自主学习平台。它们大多具备强大的功能、完善的配套设施，且可实现多终端支持，教师可通过平台展示和共享教学资源、开展教学互动。然而，现阶段的大学外语网络自主学习平台大多还停留在"通用外语"（EGP）的阶段，针对"专门用途外语"（ESP）的教学资源少之又少。在高校纷纷从"通用外语"（EGP）向"专门用途外语"（ESP）教学转型的今天，如何完善 ESP 网络教学平台相关课程的教学资源（教学课件、教学视频等），如何开展互动式教学活动（利用自媒体平台开展学习讨论、辅导答疑等），如何完善教学平台所支持的移动学习平台资源，使学生可以根据自己的语言水平、专业需求和学习兴趣选择不同的学习资源等都是值得深入研究的课题。

随着经济全球化的深入，当今社会外语学习的目的已经发生了颠覆性的改变。过去支撑大多数外语学习者学习语言的动机往往只是单纯的兴趣，这其实是一种"无目的的外语学习"，他们只是为了"从懂外语中找到乐趣"。而今天的外语学习者，他们的学习目的已越来越明确，他们中的大多数人是为了通过语言的学习"找到了解世界先进科学技术和经济商业的钥匙"。罗选民教授曾做过一项调查，调查显示中国铁道部下属的翻译中"百分之五十以上毕业于非外语专业"。如果毕业生想要在这个竞争激烈的社会中脱颖而出，具备扎实的专业知识往往还不够，良好的外语学术交流能力和跨文化交流能力无疑能为其将来的职业发展添砖加瓦。因此，如何在教育生态学理论视域下，利用自媒体时代信息技术，构建生态化的大学外语 ESP 教学模式，培养学生的学术外语交流能力和跨文化交际能力，是十分必要且迫切的。笔者将在后续研究中进一步探索更多切实可行的生态化大学外语 ESP 教学模式。

第五节 分布式认知理论视觉下基于信息技术的大学外语学与教

本节将从分布式认知理论视角探讨当前信息技术环境下的大学外语学习与教学。分布式认知强调信息技术在语言学习中的应用以协同建构有意义知识为目标，这给予了大学外语课程的指导方向，即有效运用认知合作性学习策略，并注重协调、设计外语学习环境。同时大学外语教师应及时认识到自己角色的变化，并且要做好网络、移动技术下的大学外语学习策略培训。

一、分布式认知理论的概述

分布式认知是指认知分布于个体内、个体间、媒介、环境、文化、社会和时间等之中。分布式认知理论是一个考虑到参与认知活动全部因素的分析单元，包括参与者全体、人工制品和他们在其所处特定环境中的相互关系，它关注信息与知识的传播及转换方式，强调协作共同体中信息共享是共同完成任务的基础。

分布式概念被引入教育后，强调学习资源的泛中心化，认为教师、学生、学习内容、师生、生生交互等与学习相关的一切因素均分布于不同的位置，教与学可以在独立的时间和空间发生，学习活动更多的是通过个体间的相互交互活动实现。同时，分布式理论视角下的教学模式强调学习环境的设计，注重协作学习，利用各种信息资源支持学习。在学习过程中，主张通过教师的指导、帮助等外在手段提高学生的学习动机和兴趣，学生也需要自我控制、监督和调节学习活动，学习任务也常常是具有情境性和真实性的。

二、分布式认知理论对基于信息技术的大学外语的指导意义

（一）现代信息技术下的大学外语教学特点

教师几乎达成共识，在各门学科教学中，与信息技术发展联系最为紧密的是外语。目前，多媒体教学已经广泛应用于大学外语教学，且随着互联网、移动技术的逐渐成熟，大学外语学习与教学环境发生了巨大转变：学习资源丰富，教学媒体技术含量高；以学生为中心，自主性要求高；学习方式多样化。学生由以前单一的、被动地接受学习变成自主探索、发现、协商等多种形式的学习。学生的学习范围和交流对象也随着网络而延伸。

（二）分布式认知理论对大学外语的指导意义

分布式认知是把认知看作一种包含多个主体和多样技术，协调内外部表征，且有助于提供动态信息加工的系统。语言学习尤其如此，对大学外语的学与教具有重要的实践指导作用。

有效运用认知合作性学习策略。认知合作性学习不同于传统的、封闭式的学习模式，其特点是学生、教师、多媒体、网络、移动设备等共同构成了一个大学外语学习共同体，把外语语言知识、认知工具等要素联系起来，引发学生思维之间的讨论、追问、重组，运用交互的形式，达到促进外语知识建构与外语应用能力提高目的。怎样开展认知合作性外语学习呢？首先，有效运用课外网络学习，使之成为课堂学习的有效补充。比如，很多高校选用的新视野大学外语系列教材，在互联网上有相应的"外研社大学外语教学管理平台"，其中内容设计丰富，有网络版的《读写教程》和《视听说教程》，更有在线答疑、发布作业、教学评估及上传资料等栏目。这样，学生可以及时通过网络资源进行预习、课程总结、解答疑惑。其次，充分利用现代信息技术促成学生之间、师生之间的相互交流。目前交流工具除了QQ、博客等，已广泛应用微博、微信、脸书、推特等方便快捷的联系方式。大学生之间关于外语问题的交流、讨论、争辩、整合等一系列的协作努力可以开阔个人的视野，生成更丰富灵活、利于解决问题的新信息。教师也可以根据学生的实时反馈，及时调整教学内容，从而改进教学方法。另外，教师应鼓励、引导学生共享一些图文并茂、音像交融、动静结合的外语网络资源。比如常用的外语网站有普特外语听力、沪江外语、英文阅读网、英文写作网等，信息的集聚与共享是进行协作学习的基础。

注重协调、设计外语学习环境。分布式认知理论这一视角较为强调学习环境。学

习环境的设计是为了使学生充分利用各种认知工具、认知信息资源，以更好地促进知识建构。第一，教师指导学生有效使用网络、多媒体、移动技术。面对数量庞大、复杂多样的外语资源，使有些学生觉得手足无措，教师应及时积极引导学生获取、筛选信息，如告知搜索引擎的使用技巧、学习网站导航的使用方法等，使学生不偏离主题。第二，教师需要对学生的课堂内外外语学习进行充分的教学设计。除了关注教学的基本过程，教师还必须注意学生的学习过程以及教学管理的过程，尤其是在线学习、合作学习，要做好检查工作。教师自己的教学策略，对学生的学习策略的运用则显得尤为重要。以欣赏英文电影为例，教师应指导学生恰当使用字幕，第一次观看选择无字幕，可以集中注意力，再选择英文字幕，以便核查是否听力有误。同时注重观影方式，将"泛看"与"精看"相结合，做到由浅入深。第三，教师要加强学生的心理辅导。信息技术环境下的外语在线学习、自主学习使基础差的学生不像传统课堂那样充满尴尬、焦虑，可以自己安排时间，进行个性化的学习。但是，也使相当一部分学生在时间上无法保持必要的连续性，注意力不集中，加之缺乏对学生面对面的督促和监管，无法保证其学习质量。因此，外语教师必须针对这些情况，适时地做有效的知识辅导和心理指导。

为大学外语教学资源和新型的教学模式提供了理论依据。分布式认知理论视角下的教育教学强调要信息共享，建立学习共同体以及与媒体环境的结合，注重交流、互动，进行协作学习。这为近来蓬勃发展的"微课"、"慕课"及"翻转课堂"提供了理论依据。"微课"的主要特征有：流媒体播放视频、动画等；资源容量较小，适于基于移动设备的移动学习；完全的、精心的信息化教学设计；具体的、典型案例化的教与学情景；供学习者自主学习的课程。师生可流畅地在线观摩课例，也可灵活方便地将其下载保存到终端设备（如笔记本电脑、手机、MP4等）上实现移动学习、泛在学习。慕课，是为了增强知识传播而由具有分享和协作精神的个人组织发布的网络上的开放课程。其授课形式是将分布于世界各地的授课者和学习者通过某一个共同的话题或主题联系起来，通常会包括每周一次的讲授、研讨问题等。"翻转课堂"则是一种教学模式，让学生先完成知识的学习，而课堂变成了师生之间和生生之间互动的场所，包括答疑解惑、知识的运用等。由此不难看出，这些新型的外语教学资源及教学模式的特征与分布式认知理论在教学领域的观点不谋而合，学生可以通过互联网使用优质的教育资源，不再单纯地依赖授课老师教授知识。

三、分布式认知理论对基于信息技术的大学外语教学的启发

外语教师角色的变化。分布式认知理论观点认为教师是意义建构的合作者、引导者，探讨的参与者，动态的协调者。在大学外语学习中，积极有效利用现代信息技术拥有巨大优势，学生以自主学习和协作学习为主，从而形成"以学生为中心"的学习模式，这些看似教师作用体现不充分，实则属于教师的角色发生了变化，因为学生个人的外语基础、悟性、自控能力、学习风格等完全不同，非常需要老师的引导，教师的主导作用分为"导情趣、导操作、导质疑、导讨论、导交流"，教师与学生的关系由原来的"权威—服从"关系转变为"指导—参与"关系。

外语学习策略培训的必要性。在信息化外语学习环境下，影响学习策略的因素更为复杂。由于网络环境的自由性和开放性，学生急需得到元认知、认知策略的培训和指导：学会分析什么因素影响了学习过程和结果；学会监控、评价和调节自己的学习行为；在学习过程中会进行自我诊断，以了解自己的弱势。在实际的教学过程中，教师可以根据学生的兴趣和认知发展水平，对班上外语水平不同的学生选择恰当的培训内容并进行针对性的策略指导。当然，学习策略的有效性也取决于很多因素，例如外语学习任务的性质、学习者的个体差异（性别、年龄、学习经历、学习风格等）。有时也需要从补偿策略和情感策略入手，补偿策略可以解决学生在网络学习中因无法及时获得必要的外界支持而面临的问题，情感策略可以弥补学生由于网络缺乏人文氛围和情感熏陶带来的失落感。

根据分布式认知理论，可以把认知活动看作媒介间表征、转换、加工等一系列动态的活动过程。学生不仅是从信息技术中学习外语语言知识，而是用技术去建构知识。网络和多媒体不再是教师传授知识的手段和知识呈现的工具，而是用来作为学生主动学习和探索的认知工具。学生、学习共同体和学习工具同样重要，关键在于如何将它们整合起来，形成认知合力，更好地帮助学生学习、提高外语学习效率。

第三章　现代信息技术与外语教学转型新路径

第一节　信息技术结合 PBL 教学模式在大学外语教学中的应用

现代教育技术主要体现在信息技术在教育过程中的广泛运用。通过使用先进的信息技术，教师的教学能力能够快速得到提高，学生也能够实现差异化、自主化的学习。区别于传统的教学模式，PBL 教学模式以学生为中心，通过为学生设置大量开放式的问题，将学习过程由知识和信息的灌输模式转变为学生自主探索模式。借助于信息技术的运用，PBL 教学模式更加易于教师展开并实施。先进的多媒体硬件设备以及触手可及的网络化信息资源为 PBL 教学模式提供了前所未有的良好发展条件。信息技术结合 PBL 教学模式应用于大学外语教学是时代的特征和现代化教育体系的有机构成。

一、信息技术应用于大学外语教学的时代背景介绍

信息技术应用于教育教学指的是以多媒体材料（文字、图像、影像、声音等媒体组合）和互联网通信技术为代表的数字化工具进行学习的新型手段。随着近几十年来该技术的迅速发展，它已被广泛地应用到各种专业科目的教学当中，特别是在外语教学领域，其开创性的教学手段为广大外语学者带来了学习上很大的帮助。通过图像、声音等媒体手段，信息技术可以将抽象枯燥的学习内容形象化，使晦涩难懂的教学材料变得生动起来。学习的材料不仅不再局限于教科书，学习过程也从以读写为主转向为以听说为主。学生可以利用丰富的课外学习资源来搜索获取适合自己的学习内容，可以有针对性地选择听说读写译五项基本技能中的某一个方面来进行专项训练。而教师的教育方法也会更加灵活，可以不受时间和地理位置的限制，给学生全方位的指导，从而提升教学效果。

二、PBL 教学模式在大学外语课程中的运用特点

　　PBL 教学模式在大学外语教学中的运用特点体现在"教"与"学"两个方面，是由师生之间的相互活动一起构成的。在以教师为核心的传统教学模式中，教师是所有课堂教学活动的中心，课堂教学模式不仅单调乏味，学生也只是被灌输知识，缺乏能动性、创新性。然而此教学模式虽然方便于教师安排、掌控和监视课堂教学秩序，却掩埋了学生作为认知主体的作用以及发挥他们运用语言的能力养成，特别不利于培养学生的实际语言运用能力，还不能培养学生的团队合作能力。与此相对的是，PBL 教学模式将学习内容分解为一个个的问题，并以此作为激励学生学习的手段，而不是重复学习之前学习过的背景知识。

　　PBL 教学模式有利于教师进行教学反思。通过小组汇报，教师能够更加直接地了解学生的学习情况。及时分析教学过程中学生提供的信息反馈，教师能迅速调整教学策略，引导学生积极地参与到解决问题的过程中。

　　PBL 教学模式可以创设自然真实的语境，特别有利于学生语言能力的养成。大学外语教师可以按照学习内容和目标设置多种多样的、有效的、引导的、有扩展性的问题，也可以设置与学习主题相关的，与实际情形相似的学习环境。由问题来激发学生对知识的好奇心，从而引导学生运用背景知识，探索问题中所包含的相关知识。

　　PBL 还能培养学生的创新思维能力。PBL 是促进新思维的催化剂。它能让学生形成问题定义、信息搜集、材料归纳、大胆假设和验证等方式，来提高学习者的元认知发展和自主学习能力；它还可以通过解决各式各样的"疑难杂症"，使学生不断发展创造性思维，从而培养学生的批判思维能力。

　　PBL 教学模式还能使学生养成积极的情感。由于 PBL 教学模式要运用到"小组"的活动模式，因此有利于培养学生的团队合作精神。在项目完成过程中，小组成员之间必须进行良好的互动，并且互相勉励。学习者要能够通过小组成员间的合作，相互讨论、相互学习，从而建立起协作与互勉的组员关系，与此同时，在良好的合作氛围和学习环境中构建自己的知识体系。

　　PBL 教学模式有利于学生养成学习的自主性。在 PBL 教学模式中，教师的主要职责从向学生灌输知识转变为监督和促进学生的自主学习。学生能够自己选择学习内容，以及如何去学习。在理解和回答教师设置的问题的过程中，学生能够培养自学能力。

三、信息技术同 PBL 教学法相结合运用的实现过程

伴随着信息技术的不断进步和互联网技术的逐渐成熟，现代化教育理念在当代大学教育中实施了将近二十年。各种信息技术不断应用在大学外语课堂教学当中，各种现代化的教学设备在当代大学校园里也得以配备和完善。PBL 教学模式会用到讨论法、展示法、演讲汇报法等教学方法。此外，PBL 教学模式更多地依靠学生自主学习，这就要求学生能够利用先进的信息检索技术，选择运用合适的信息搜索工具，进行材料的收集和学习。教师在使用现代化的技术手段方面有很多典型的实例，比如使用"美篇"做教学或实习报告，使用"云班课"管理课堂教学，使用"批改网"批改学生作文等。学生使用信息技术方面包括：利用互联网搜索引擎查找与问题相关的材料，利用在线课程自主学习课程相关知识，利用终端 APP 接收教师布置的作业并完成和上交作业等。

为了使信息技术同 PBL 教学法充分结合，以便达到更好的教学效果，教师和学生要遵照以下原则：

首先，大学外语课程的教师必须深入挖掘教材并制订出完整的授课计划。教师在正式上课前一定要编写好教案，在有条件的情况下可以通过说课来了解课程教学性质、目的、任务和要求。PBL 教学模式下的教案编写必须围绕问题展开。教师备课时最重要的任务就在于给学生设置合理的项目和问题。

其次，大学外语课程所选用的教材要规范化。要组织外语类专业人员编写一套满足大学外语课程教学标准的教材。目前，外语教学与研究出版社推出了一系列适用于不同学习阶段的标准化教材，并且专门针对信息化教育技术的特点和要求制作出了相应的数字化课程，使得教师和学生能够使用手机终端学习传统纸质教材上面的内容。外语教学与研究出版社的做法顺应了信息化教学的发展趋势，既满足了众多高等院校大学外语课程的教学需求，又扭转了信息技术外语教学次序混乱的局面。

再次，大学外语学习情况的评价手段和方式也需要规范化。随着课堂教学的翻转式转变，大学外语教学过程中越来越要求重视对学生的形成性评价，这也是现代教育发展的趋势。PBL 教育模式要求学生充分参与到自主学习的过程中来，因此教师对学生的学习过程的监督成为达到教学效果的必经之路。形成性评价的目的就是在关注学习者的个体化差异的同时，对学生的学习过程进行有效监督。

最后，信息技术结合 PBL 教学模式的有效运用在于建设一批高质量的师资队伍。教师要具备现代化的教学理念，从心理情感上积极推动信息技术运用于大学外语的教

学改革。教师要能够调动学生的正向学习动机，尽量排除非智力因素对学生学习的不利影响。教师要能够尊重学生个性，因材施教，充分调动学生的主动性，激发学生潜能，让学生在解决问题的过程中积累经验，增长能力。

四、信息技术结合 PBL 教学法对大学外语教学的深刻影响

（一）信息技术运用于大学外语教学过程中的显著特点在于方便使用大量的外部资料和信息源进行备课

多媒体教学工具的使用使教学媒介对知识和信息的传递过程充满趣味性、灵活性、方便性和交互性。运用多媒体技术手段更能调动学生的注意力和学习积极性。例如，教师向学生教授主题为外语天气预报的内容，利用多媒体课件，学生可以通过动态的天气变化图像深刻记忆表示天气的外语词汇和句型，同时课堂上也会更加生动有趣。教师在备课时可以考虑布置一个任务，让学生查找英汉不同语言在播报天气时的差异，从而使学生进一步了解文化交际中语言的实际运用。

（二）运用网络资源优化外语课堂教学过程

经过充分备课，在课堂上就能够使用多媒体教学设备向学生显示图像、文字、声音，以及影像作品等教学内容，以此丰富课堂教学，从而提升教学效果。教师在上课之前要把主题、学习材料、问题、作业和解析等做成多媒体课件，等到上课时，教师只需要按顺序播放做好的幻灯片就可以将多种多样的教学材料展示给学生。通过播放提前准备好的幻灯片能为课堂节省繁杂的板书时间。此外，多媒体教学素材的运用为学生提供了更加逼真的语言学习环境，因此提高了学生练习口语的频度。

（三）现代心理学发现，学习过程不仅是一个接受已有知识的过程，更是一个发现和解决问题的过程

学生学习能力存在着差异，因此，给学生更多的自由学习空间更加有利于学生自身成长，而信息技术则给有着差异能力的学生提供了自由学习的条件。网络不仅给学生提供了丰富多样的学习资源和学习渠道，也给学生提供了充分使用语言的实践机会。

（四）信息技术能够提高教师利用信息技术进行教学资源扩充的能力，从而使课堂内容得到扩展，提高了信息的使用效率

课堂上的教学内容不再局限于传统的枯燥的平面式题材，而是转为立体的、直观的、生动形象的三维立体空间结构。教学向微观和宏观层面进一步拓展，延伸了学生的思维空间，使得抽象变为具体，逻辑思维迈入更高的层面。学生的语言能力受制于

思维的发展，而良好的课堂情境为学生思维的发展创造了有利条件。

总之，教师运用多媒体技术提高了自身教学能力，学生使用信息技术实现了差异化教学。PBL依托于信息技术的发展使得教学效果进一步得到提升，从而使教育技术的运用和教学质量的提高进入一个良性循环。

第二节　网络和多媒体信息技术在大学外语教学中的应用

现代社会的发展和科学技术的进步，在为我们创造了大量物质财富的同时，也在悄然影响和改变着我们生活中的点点滴滴。以网络和多媒体为核心的信息技术与现代教育教学的结合便是其中典型的例子之一。具体来说，信息技术与现代教育教学的结合是指信息技术与某一学科的课程目标、结构、内容、资源和实施步骤等有机地结合在一起，成为教师讲授和学生学习该学科的一部分，并起到督促、增进、加强和辅助该学科学习的作用。

在高校的众多学科中，受此影响最大的应该就是大学外语。传统的大学外语教学是以教师课堂讲授为主，遵循着"黑板粉笔录音机，课本笔记复习题"的教学模式。学生在课堂上接收的信息量十分有限，张嘴说外语的机会也是少之又少。即便是在课上有了可以锻炼口语的机会，大多数的学生也由于害羞、胆怯等心理因素而不能充分利用，教师就更不能奢求学生在短暂的课堂时间内得到"听说读写译"的全方位学习与锻炼了。但是，当信息技术与大学外语教学整合以后，外语学习就由原来的乏味枯燥的"单一性平面教学"变得生动和立体起来。很多抽象的知识（如语法、句型训练等）都可以通过信息技术从多维角度、多个体例、多种方式传授给学生，不但激发了学生的学习兴趣，创建了轻松的学习环境、丰富了外语课堂的授课内容，同时也促进了学生的外语学习。

多媒体网络教学是大学外语课程建设和改革的全新尝试，它不仅仅是单纯教学模式的改变，而是一种全新的教学理念变革。东北电力大学为了探索出更有特色的大学外语教学模式，在新的教学理念和教学资源的保障下，大学外语教学组突破了"教材+黑板+录音机"的传统教学模式，同时为了更好地整合与优化多媒体教学资源，我们开展了贯穿大学1—4学期的多媒体教学空间，并且在课堂之外加入了雅信达外语网络学习平台的自主学习任务。此外，学院为学生提供了丰富的学习资源。在利用多媒体及网络环境提高学生外语学习成绩上我们做了一些工作,并且取得了一定的成效,使学生外语实用能力有了很大程度的提高。

一、网络和多媒体信息技术与大学外语教学结合的理论基础

第一,多元智能理论。美国教育学家霍华德·加德纳在1983年提出了著名的多元智能理论。根据这一理论,在大学外语教学中,教师就应考虑学生的"优势"智能,综合运用多样化的教学方法(如全语言、操作、合作学习等),设计符合个体需求的、合理的信息技术方式和方法,帮助学生"取长补短"。同时,教师的授课过程也是为学生创设积极的信息技术教育环境和情感体验的过程,强调激励和开发学生的主体动力和内在潜能,培养学生形成自主学习、自我教育和自我完善的学习内部动力机制,促使他们在思想道德品质、文化科学知识和个性特长等方面都获得全面发展,真正实现"素质教育"。

第二,人文主义。人文主义注重维护人的个性尊严,是一种主张自由平等和自我价值体现的哲学思潮和世界观。在人文理念与科学知识日益融通的今天,人文主义在吸收了东西方教育理论精华的同时,又有了新的内涵——教育不是单纯地依靠外部力量的引导与塑造,更重要的是一种源于精神内部的活动;教育应该是强调情感沟通,并且具有个性色彩的认知活动。根据人文主义的核心理念,在信息技术与大学外语教学整合过程中,教师就应"以学生为中心",充分发挥学生的主观能动性,鼓励学生积极探索,培养学生发现问题、分析问题和解决问题的能力。让学生成为整个教学过程中的一个参与者,并通过学生全身心的参与来提高大学外语教学的效率与效果。

二、网络和多媒体信息技术在大学外语教学使用中的突出特征

信息技术在不同的学科领域中有着迥然各异的特点。然而在大学外语教学这一领域中,信息技术的突出特征主要体现在多媒体辅助教学、自主学习中心和移动学习等方面。

首先,在多媒体技术介入下的课堂教学:激发学生学习兴趣,教学手段灵活多变。多媒体的介入可以增强课堂教学的趣味性,教师在时间分配和课堂活动方式变换等方面也更加灵活;教师可以通过精彩的导论课,吸引学生的课堂注意力,鼓励学生运用外语思维进行思考,使处于不同外语学习阶段和水平的学生都能对外语学习有一个积极的态度;师生之间或学生之间还可以进行有趣的课堂活动(如外语对话、学唱英文

歌曲和讲幽默故事等），用以活跃课堂气氛，达到事半功倍的效果。另外，借助多媒体设备，教师也可以通过调整教学方法和策略，如采取任务型、主体型或情景型等教学方法，在学生保持一个良好的学习状态的同时，加大学生的技巧训练力度和语言信息输入，力求做到使学生能够"学一点、会一点、用一点"。此外，教师还可以通过引导、鼓励和启发等教学方法，不断地为学生提供学习和使用外语的机会和语言环境，从而提高学生的外语语言交际能力。

其次，自主学习中心辅助下的课后学习：学习内容丰富，提高综合技能。

基于信息技术的自主学习中心能够为学生提供良好的自主学习条件和环境，学生在自主学习中心可利用互联网和校园网进行外语自主学习。学生在大学期间的一个很重要的任务就是"学会学习"，即培养和养成自主学习的能力、促进自我的持续发展、提高终身学习能力。大学外语自主学习中心为学生实现这一目标插上了"理想之翼"。

学生在自主学习中心可以获得多项学习内容，如教师留的课后作业、对过往知识的温习、对新课内容的预习、单元测试、人机对话、课外知识拓展、英美影视欣赏等。自主学习中心服务器上比如东北电力大学正在使用的雅信达外语网络学习平台，不但有丰富的学习资料、动静结合的视听素材，还有众多外语学习的材料可以为学生提供丰富的课外知识，让他们可以及时了解时事新闻等。同时，人机对话不仅可以帮助学生克服"张嘴说外语"的内心恐惧和胆怯，在锻炼学生听说能力和交际能力的同时，还可以巩固课堂教学内容，培养学生的外语综合运用能力，起到一举多得的作用。此外，教师还可以通过电子邮件与学生进行沟通，在增进彼此情感交流的同时，还可以适时地了解学生的动态，以便教师更好地进行教学、改革和创新。

最后，移动学习拓展下的课余生活可以打破传统局限，充实第二课堂。移动学习是信息技术对学生现有学习方式的有效补充，区别于多媒体辅助教学和自主学习中心，移动学习具有其独特的优势和魅力：学生的学习环境不再被局限于多媒体教室里或是电脑桌前，学生可以自由自在、随时随地进行不同目的、不同方式的学习。从简单的"查单词"、"记事本"到复杂的"资料查询"和"短时学习"，移动学习的兴起与普及，不仅可以丰富和充实学生的课余生活，还为学生拓展了隐性的学习空间。例如，为营造良好的校园外语环境，大学中外语第二课堂的活动有很多，有外语角、英美文化讲座、外语戏剧比赛、外语知识竞猜、外语口语大赛和英美影视欣赏等。通过移动学习，学生不但能够随时随地、主动解决在第二课堂中遇到的问题，还能够在丰富多彩的外语第二课堂中体会到学习外语的乐趣，提高学习外语的成就感和满足感。

三、网络和多媒体信息技术在大学外语教学中可能会出现的问题及解决方案和建议

网络和多媒体信息技术在大学外语教学中所带来的优势和形成的突出特征是比较明显的,但是这项技术的应用对老师和学生也提出了较大的挑战,在使用中也可能会出现种种问题,或者产生一定的误区,所以需要老师和学生多加注意,避免出现问题,或者在出现问题时用正确的方式积极的解决。

第一,明确课堂教学的教师角色。虽然较之传统教学模式,多媒体辅助教学能够提高课堂效率,但当教师过多地依赖多媒体辅助大学外语教学时,则会起到相反的作用,产生弊端。所以教师应明确信息技术与大学外语教学结合的主题应该是外语语言学习,主体应该是学生,而多媒体只是辅助,教师才是课堂教学的组织者和学生学习的引导者。只有明确自己的课堂角色,教师才能遵循课堂教学目标、精心设计多媒体课件和课堂教学活动、整合并优化课堂教学资源,才能在课堂教学中充分发挥学生的主体作用,引领学生学会学习,鼓励学生进行个性化学习和培养学生的自主学习能力,真正提高大学外语教学的实效性。

第二,培养学生的自主学习能力。多媒体辅助教学的介入,使课堂外语教学的知识量得以迅速增长;自主学习中心和移动学习的兴起,使学生外语学习的时间与空间都得到了大幅度拓展。换而言之,信息技术与大学外语教学整合的最大受益者是学生,但是同时也对学生的自主学习能力提出了严峻的挑战:如何适应这全新的课堂学习,如何把握这扩大后的学习时空,如何摆脱对教师的依赖心理,如何承担起自主学习的角色等。因此,教师在外语课程开课之初,就应说明在信息化学习环境中大学外语授课和学习的特点,让学生明确自己的学习任务和目标,帮助学生了解自主学习中心的信息化平台和移动学习的数字化资源,辅助学生构建自我知识结构,培养学生的自主学习能力,鼓励学生之间开展交流与合作学习,引导学生实现从学校教育向终生学习的转变。

四、课堂实践流程

首先是学生的课前预习,学生可以在课余时间利用网络平台的学习资源,查询课文作者相关信息;通过网络词典查询生词的用法;聆听课文的朗读录音或 MP3,大致了解课文的内容,从而做好充分的课前预习。接下来就是课堂授课,利用多媒体辅助

教学。先利用3分钟左右的时间对上节课的内容进行回顾，然后再进入本节课课程内容的讲授。当然在上课之初，教师应尽量少用多媒体，以和学生用外语做课堂互动为主，少量的板书（如利用个别重点单词给予强调或提示）为辅，对上节课的内容——尤其是重要的知识点和难点——进行复习与总结。这一步骤不仅可以巩固学生的学习成果，还可以迅速集中学生的注意力，以便教师顺利地进行课堂教学。

然后进入本节课要学习的内容当中。先对课文进行一个有效导入，大概6、7分钟。这时可以利用多媒体的优势，通过PowerPoint课件，教师首先向学生展示作者和文章背景的相关内容。为了能够更好地检验学生的课前预习效果，教师还可以鼓励学生用简单的外语介绍作者的写作风格及其作品大意等。然后，通过PPT给出课堂互动话题，让学生以小组形式进行课堂讨论。在此过程中，教师深入到学生中间，倾听学生的讨论，并在讨论结束后对学生的观点进行总结，从而带领学生顺利进入课文的正文讲解。

接下来就是课文重点难点讲解，这个环节时间会比较长，根据教学计划的分配来进行时间支配。大概过程是利用课文朗读的光盘，鼓励学生在聆听的过程中进行语音、语调的模仿和不良发音的纠正；利用教师课前制作的PPT，向学生展示本课的重要知识点和难点，如本课中的大学外语四级考试高频词汇、常用词语搭配和长难句讲解等，并做出相应的扩展，以增加学生在课上的知识获取量。

最后在课堂结束之前，教师应利用短暂的时间，对本节课的重点及难点进行再次强调和总结，帮助学生强化对本节课重点和难点内容的消化吸收和理解，并为学生留课后作业，指导学生准备下节课的学习内容。

课后学生通过网络平台比如雅信达外语网络学习平台和批改网等进行自主学习和移动学习。学生可以拷贝教师上课使用的PPT，在复习的同时对课堂学习内容进行查漏补缺。此外，学生还可以使用这些自主的网络平台去培养和训练自己的综合语言能力，比如通过听力题库可以听各种新闻类素材，提高自己的听力能力，与此同时完成课后作业以及进行课外知识的学习和扩展等。

总之，网络和多媒体信息技术在大学外语教学中的应用可以激发学生的学习动机，帮助学生摒弃畏难情绪；通过精心设计课堂"任务"，教师还可以引导学生调整学习目标和学习策略，拓展学生的自主学习的空间。此外，正确运用二者整合的优势，还会辅助大学外语教学，提升外语教学质量，达到全面提高学生外语素质、促进其终身学习的目的。

第三节　信息技术环境下大学外语泛在学习模式应用

时代的变迁刺激着社会的不断发展,自从李克强总理提出制定"互联网+"的行动计划以来,我国正式步入"互联网+"时代。科技的日新月异、信息技术的迅猛发展给人们的日常生活、工作以及学习带来了翻天覆地的变化。随着新时代浩浩荡荡的信息技术改革潮流,为响应《国家中长期教育改革和发展规划纲要（2010—2020年）》提出的"鼓励高校应用信息技术手段更新教学理念,改革教学模式"的号召,不少高校采取了各种措施进行教学改革,但是改革效果却参差不齐。地方应用型高校的首要任务是培养应用型人才,以能力培养为本位,培养学生应用掌握的知识和技术解决实际问题的能力。以大学外语的教学为例,为了提高大学外语的教学效率,高校采取并实施了大学外语课堂教学与基于计算机在线教学相结合的模式,但是由于高校在对信息技术教学应用重要性的认知上存在着一定的偏颇,在实际教学中,课堂教学和在线教学的主宾关系界限模糊,高校仍是以课堂注入式的教学模式为主。这样的教学模式虽然在一定程度上改善了大学外语教学手段单一的特点,但是总体上由于教师信息技术教学应用意识不足,相关的教学设备落后,网络教学平台构建以及教学监控和评价体系的不完善等问题,大学外语的教学改革并未获得预期的效果。因此,为切实提高大学外语的教学效果,将信息技术应用到大学外语的实践教学改革中,本节将对信息技术环境下大学外语泛在学习模式的应用及效果进行探讨和分析,以期探寻到一条真正有效的、适合大学外语教学特点的创新教学模式。

一、大学外语泛在学习模式应用的必要性

（一）什么是泛在学习

作为一种新型的学习模式,泛在学习的概念是在美国施乐公司的马克·威瑟于1988年提出的泛在计算的概念上发展而来的。泛在学习又称无处不在的学习以及无缝学习,是一种通过信息技术手段使求知者不再局限于时间和空间、实现求知者在任何时间和任何地点获取所需学习资源的学习模式。不同学者对于泛在学习的概念有着不同的界定,其中具有普遍认知的是4A学习,但新媒体环境下的泛在学习已经进入移动学习即6A学习的范畴,也就是任何人、任何地点、任何资源、任何时间、任何终端以及任何方式。

（二）大学外语泛在学习的必要性

作为一门培养学生"听、说、读、写"的能力，且能应用到学生日常生活以及工作中的重要基础课程，大学外语的重要性不言而喻。而且作为一种具有永久性、可访问性、情境性、社会性、主动性以及直接性等特点的学习模式，泛在学习模式在大学外语教学中十分必要。其一，它是时代发展的要求。现如今，随着3G移动技术的成熟和4G网络的快速发展，人们的生活已经全面覆盖在各种信息技术之下，以智能手机、平板电脑以及PC（电脑）等设备为代表的电子产品以迅雷不及掩耳之势占据了人们的生活重心。为顺应这一发展趋势，激发学生的学习兴趣，改善大学外语的教学氛围，在大学外语教学中应用基于移动和PC端的泛在学习模式势在必行。其二，作为数字化学习的延伸和扩展，泛在学习模式克服和改善了数字学习的众多缺陷和不足，它更多地以人为中心，以学习任务为焦点，不是为了借助多媒体手段进行学习而模糊了学习的本质。它不仅能够减轻学生的认知负担，还能创造一种自然的学习氛围，使学生作为一个有机节点融入外语学习中，隐形地获取相关的学习知识点。其三，作为一门非母语科目，外语的学习对于求知者自主学习的能力有很高的要求。目前，在大学外语的自主学习中，高校大多采取使学生在自主学习中心学习与外语课程配套的网络课程的方式。这种方式的学习资源有限，学习内容单一乏味，不能满足不同层次学生的个性化学习的需求。通过主动学习、不断质疑、分享经验等办法直至问题解决，这种行为是有意图的、积极的、自觉的实践，不是知识传输与接收的过程，是符合《大学外语课程教学要求》的。而泛在学习模式以其不受时空限制、教学行为场景性以及资源无限的特点真正意义地实现了大学外语的自主学习，从而使学生随时随地进行学习。

二、泛在学习模式在大学外语教学中的应用举隅

结合泛在学习模式，笔者在大学外语实际教学活动中对"基于翻转课堂教学的泛在学习"以及"基于微信平台的泛在学习"两种教学模式进行了应用。

（一）基于翻转课堂教学的泛在学习

作为一种新型的教学模式，翻转课堂不仅改变了传统的以教学为主、学生听与记为辅的填鸭式教学模式，还真正意义地实现了以学生为主体、教师为主导的学习方式，而泛在学习则是实现这一教学模式的保障。正是因为泛在学习能够实现学生随时随地进行碎片化学习的特点，教师在课前通过设计和制作翻转课堂所需的大学外语泛在学习资源，使学生在课前能够通过移动或者PC端进行知识点的相关学习，然后通过知

识点的相关练习使学生对知识的把握程度有清晰的了解，并通过微信、QQ等多媒体技术以及大学外语泛在学习平台与学生进行实时的沟通与交流，及时反馈在课前学习中遇到的问题。最后教师通过课堂教学，解答学生的疑惑，帮助学生加深对知识点的理解，完成知识点的内化。

（二）基于微信平台的泛在学习

泛在学习与信息技术联系紧密，通过相关的信息技术能够将数据库信息、学习所需的相关设备以及所有的学习资源融为一体，构成一个基于信息技术和网络系统的泛在学习资源网。微信作为时下最受人们青睐和欢迎的通信软件，不仅能够传递文字、图片、视频等信息，还能创建微信公众号，集成各种学习资源，为学生提供学习的渠道和平台，实现了协作学习和个性化学习的有效结合。教师通过课前在微信公众号上上传相应的外语辅助资源，完成信息推送，学生在信息到达后，可在空闲时间进行知识点的学习，然后通过微信的通信功能实时完成疑问的解答。另外，教师和学生都可以在相应的微信公众号上上传优秀的外语文章、热点英文新闻以及好莱坞八卦新闻等，实现学习和娱乐的有效集成，激发学生的求知欲和自主能动性，使学生在轻松愉悦的氛围中逐步提升自身的外语应用能力。

三、泛在学习模式在大学外语教学中的应用效果

（一）满足了学生个性化学习的需求

随着"互联网+"的到来，传统的着重统一标准、模式、进度的大规模集体教学的模式已经过时，它已不能满足学生个性化学习的需求。在现代教育的教学理念中，每一个学生都是一个独特的个体，他们有着不同的个性、不同的兴趣、不同的人生观和价值观。教育者要做的不是将学生变成一个流水线上生成的产品，而是要将学生置于教育的中心，去发现和挖掘学生独特的闪光点，并帮助他们将差异性、创造性和独特性转变成他们的优点和长处。泛在学习模式就为学生的个性化学习提供了可能性。通过多样的信息技术手段，泛在学习者可以获取与自身外语水平匹配的、符合自身兴趣爱好的各式各样的外语资源，使学生的外语学习不再局限于课堂教学和自主学习中心的学习，他们可以不再削足适履地去服从统一的计划和标准，而是根据自身需求进行个性化学习。总之，泛在学习是一个自我导向、自我激励、自我监控的学习过程。在这个学习过程中，不同外语水平的学生可以自主选择与自身能力相符的内容，充分践行他们独特的学习方法和学习策略，同时培养学生的自主能动性和创新实践能力。

（二）实现了外语教学的"三个转变"

一是教学模式的转变。传统的教学模式虽由原始的黑板教学进化到多媒体辅助教学，但是课堂教学仍是大学外语所有教学活动开展的中心，课外教学活动的缺失使得学生要在课堂短暂的45分钟内持续地保持着警戒状态，这不仅给学生带来了沉重的心理负担，甚至有可能使学生产生厌学情绪。而泛在学习模式则使教学活动不再局限在45分钟之内，通过微信、QQ等移动端平台和大学外语泛在学习平台，学生可以利用一切空闲时间进行碎片化的外语学习，为课堂教学减负。二是资源建设的转变。传统的外语教学资源建设都由教师独立建设，而泛在学习在现代网络技术的支撑下，能够实现师生共享、师师共享、校企合作、国内外共享的资源构建，为学生提供最新的、丰富的外语学习资源。三是教师和学生角色的转变。传统的大学外语教学以教师为主、学生为辅，忽视了学生主体地位的重要性，而泛在学习模式则是将教师由主导者转变为学习的引导者和外语知识的传授者，充分体现出学生在外语学习中的主体地位。

（三）大学外语泛在学习评价体系的构建和创新

为激励学生不断进行大学外语泛在学习，实施准确的学习评价是极其重要的。若是没有系统的学习评价体系，那么大学外语泛在学习也许会成为"泛泛学习"，得不到应有的学习效果。在传统的评价体系中教师是唯一的评价主体，评价标准也只是单纯的以课堂表现、作业情况为主体，评价体系不够完善，缺乏客观性和全面性。而大学外语泛在学习评价体系通过泛在学习网络平台提供互动教学、自我学习、成绩管理、学习监控等功能模块，对学生的学习状态能够进行全面综合的评价，同时可通过教师评价、学生自我评价、生生互评等多元化考核评价形式，切实提高学习评价的准确性，使学生实时了解自身外语知识的掌握程度，并根据评价结果进行相应的调整和完善。

随着信息技术日新月异的发展和电子产品快速的更新迭代，高校教师"随时随地学外语，处处有资源，人人爱外语"的梦想不再只是空话，大学外语泛在学习模式以其资源整合性、交互性以及可获取性的特点对传统的注入式教学模式进行了一次颠覆性的教学改革，它将大学外语的课堂教学和在线学习有效地结合在一起，真正意义地将学生从课堂教学的禁锢中解放出来，为学生的外语学习减负，在快乐轻松的学习氛围下充分调动学生的学习动力和激情，切实提高了大学外语的教学效率。但是由于大学外语泛在学习模式还是一种新型的教学模式，若想在大学外语教学中占有一席之地，还需要教育者不断的研究和探讨。

第四章 线上线下融合式高校外语教学理论研究

第一节 高校外语混合式教学线上线下衔接问题

混合式教学是一种新型教学模式，它能够有效将线上与线下进行充分的结合，从而有利于拓展学生学习的方式与学习的深度。目前，在大学外语教学活动中，混合式教学可以说是备受青睐，它以创新性、合理性的特点使得大学外语的课堂效率以及学生的学习成果都有着巨大的提升，但是没有什么是绝对完美的。在目前的大学外语教学中，混合式教学模式的普及以及实施过程仍然还有着很多的不足，因此加强相关方面的研究是很有必要的。对此，本节就大学外语混合式教学线上线下衔接问题进行探讨与研究。

在目前的大学外语课堂中，混合式教学还存在着许多的不足与问题，其中就包括线上线下教学衔接不到位的问题。线上线下教学衔接不到位，混合式教学的突出优势就无法得到充分的体现，混合式教学对于大学外语课堂的促进作用也会大大降低，从而无法达到其实施的原本目的，另外也不利于加强学生外语学习的自主积极性等等。因此，根据混合式教学中线上线下教学衔接中所出现的问题以及不足进行合理的讨论与分析，并提出相应的改进策略，从而使得混合式教学模式可以更好地适应时代的发展，为教育事业的改革与创新做出巨大的贡献，是很有必要的。

一、加强混合式教学线上线下衔接的意义

从混合式教学模式探索的角度。加强混合式教学线上线下衔接的意义，从混合式教学探索的角度来讲，是很有必要的。因为加强对于混合式教学中的不足的改进，就会使得混合式教学的探索过程更加顺利，从而混合式教学在大学外语课堂中的实际应用也会更加完善，有利于促进混合式教学实现其开设的原始目的，为教育事业的探索

增添一分力量。

从学生的角度。混合式教学线上线下衔接的过程倘若不够完善,学生在进行相应的学习中就会遇到很多问题,如线上线下知识点描述不一致或者知识范围不同、线上线下教学重点不一致等等,这些问题就会导致学生在学习的过程中产生迷茫感,不知道到底该将学习重心放在哪一方面,从而影响了其外语学习过程中的方向性。同时,线上线下衔接的不一致也不利于其进行相应的拓展学习等等。因此,从学生外语学习过程中的完善性与合理性来看,加强混合式教学线上线下的衔接是很有必要的。

从教师的角度。从教师的角度来看,加强混合式教学线上线下的衔接,不断改进混合式教学的实施方式与实施过程,使其更加完善与合理,不仅是其所应该做的本职工作,同时也是其所担任的时代使命。另外,加强线上线下的衔接,使得教学效率得到有效提升,对于教师教学负担的减轻这一方面来说也是很有意义的。因此,教师应不断的改进混合式教学的不足与缺陷,从而更好地实现自己的职业价值。

二、线上线下教学模式的优势

有利于改变教学模式,改进教学方法。混合式教学模式具有"双线性",即线上线下共同教学,其通过线上线下的完美衔接与配合从而可以大大地提高教学工作的质量与水平。双线性的教学模式与以往的教学模式不同,它在其中加入了探究性、自主性以及时尚化的教学理念与教学目标,这样学生在外语学习的过程中就会有更多的机会来进行亲身实践与加强对时尚文化的了解,从而增强了外语课堂与外部世界的联系,有利于吸引学生学习兴趣。同时,作为一种新型的教学模式,混合式教学还有利于教师改进教学方法,如由以往单纯的讲述变为线上线下共同教学的教学方式,从而有利于提高学生的知识接受效率。另外,混合式教学模式还有着完善的自主纠正功能,从而可以避免以往由于传统教学模式的局限性所导致的学生疑难问题遗留较多的情况,可以更加方便学生进行自我完善式的学习。

有利于突破传统教学的时间和地点限制。在互联网的时代背景下,由于信息的传递性与共享性,网络资源可以被随时随地的观摩与学习。因此,在这一背景下应景而生的混合教学模式也具有相应的优点,即可以突破传统教学模式的时间与空间的限制,将学习的自由化与个性化进行到底。通过混合教学模式的自由化,学生可以在线上学习中随时选择进行知识的二次学习与自我纠正,从而有利于提升其课堂的自我学习效率,并且在课后的时间里,学生也可以根据自己的喜好随时随地的进行必要的拓展学习与课后练习，这不仅可以大大提高其学习的自主化，另外学生还可以根据自身实际情况进行完美的时间与空间布置，从而有利于营造理想的学习环境，大大提高其自主学习效率。

有利于充分利用网络资源，提高教学质量。众所周知，随着时代的发展与人们思想层次的进步，高等院校与高端知识分子越来越愿意将宝贵的知识与经验进行分享，因此网上的优秀资源是非常多的。相较于教师根据自身经验来制作的教学内容，其往往更具科学性与合理性。所以教学过程中充分地利用好网络的优秀资源是很有必要的。而混合式教学模式就可以充分地将网络资源进行整合并加以利用，从而有利于教学质量的进一步提高与教学措施的完善；另外，学生在进行相关优秀网络资源的学习中，也能够学到更多优秀的品质与本领，从而有利于其全面发展。

三、混合式教学线上线下衔接中所出现的问题

线上线下知识范围不一致。混合式教学线上线下衔接过程中经常会出现的问题就是线上线下知识范围不一致的问题。线上线下的知识范围不一致，知识体系相差较大，就会导致学生在进行外语学习的过程中常常感到迷茫与困惑，难以将二者进行一个合理的整合与统一，从而导致其在外语学习中出现断层的情况，最终不利于其外语学习的连贯性以及外语知识的系统化的理解等等。教师在进行线上线下的教学资源的选择与整合过程中，一定要注意其知识范围的合理性，使二者可以很好地结合与互补，从而避免学生在外语学习过程中出现知识断层的情况。

线上线下工作分配不合理。一个良好的混合教学模式，其线上与线下之间的分工与重心应该是十分突出且互补的[2]。但是很多教师由于经验不足，在进行相关的教学规划中往往没有涉及相关的考虑，因此就会出现线上线下分配不合理的情况，如线上偏练习巩固，线下偏教导学习以及线上线下都缺少相应的教学指导等等，这种不合理的工作分配会导致的后果就是，混合式教学的双线性难以得到有效体现，从而不利于其实现其创设的原始目的；另外这也会导致学生外语学习过程的不合理性，使得其主客反置，从而不利于其外语学习的连贯性，降低学生学习效率。因此，为避免上述情况的发生，教师在进行相关的工作分配时，一定要注意其合理性，并根据学生学习的实际情况进行适当的更改与调整，以使得混合式教学模式可以更好地服务于学生的外语学习过程。

---

2 李艳，韩文静.孔子因材施教的教育思想简述[J].吉林教育学院学报，2008（4）：39.

线上线下资源重合度过高。很多教师在进行混合式教学模式时，由于过于偏重线上的教学效果，或者不重视线下的教学目的的实现，往往会出现线上线下选择资源高度重合的情况。线上线下资源高度重合，会使得学生在学习的过程中忽略掉线下教学或者线上教学的学习过程，降低线下教学或者线上教学设置的合理性与必要性，从而使得混合式教学模式名存实亡，彻底退化成传统的教学模式。因此这种行为是不可取的，教师在进行相应的线上线下资源的选择中，一定要注意其内容的关联性与不相关性，注重线下教学的拓展性，从而有利于充分的发挥混合式教学模式线上线下双重性教学目的的施展，充分的体现其符合时代发展的必要性。

线下评价机制缺失或者不完善。很多教师在进行教学的过程中，往往只注重线上教学的评价，而对于线下教学的评价机制的完善性往往是忽略的。这就会导致学生在学习的过程中，很容易会忽略线下学习的过程，从而不利于混合式教学的双向展开与学生外语学习的完善性。因此，加强线下教学评价是很有必要的。

四、基于上述问题所提出的改进策略

基于互联网的视觉下，实行资源的合理选择。互联网时代下，尽管随着人们思想觉悟的提升，优秀的网络资源越来越多，但是相应的，一些滥竽充数或者没有价值的资源也在相应的变多，甚至比优秀的资源还要多得多。因此，这就需要教师在进行相关资源的选择过程中，一定要明亮慧眼，加强对于优秀教学资源的选择与合理归纳，从而为学生的外语学习做出更加合理的保障；同时，教师在进行线上教学资源的制作时，也应该多加商讨与借鉴其他优秀的教学作品，注重资源的教学质量，不能闭门造车，要具有宽容性与包容性；另外，线上与线下的资源整合也不能出现重合度过高的情况，只有线上线下的资源都足够优秀且能够互相应和，混合式教学模式才能对学生的外语学习起到更好的促进作用，教师的教学水平才能更加有所保障。

合理分配线上线下工作重心。混合式教学模式之所以分为两个教学过程，就是因为其能够充分地发挥线上的优势与线下的优势，从而使二者相得益彰，更好地促进学生外语的学习。因此，线上线下的工作重心的合理分配就至关重要。教师在进行教学中心的安排时，一定要根据学生的实际情况进行相应的调整，如学生普遍不喜欢课上练习，那么就要把线上教学的重心放到教导培训上，线下则主要负责课后的巩固与练习等；倘若学生的自主学习性很差，那么相应的，课上的练习时间就要增长一些，线下则主要负责相关的知识拓展等等。只有线上线下工作重心明确，工作目标相互顺承，流转起合，混合式教学模式的意义与作用才能得到更好的体现，从而更有利于学生的外语学习。

完善线下评价机制。对于线下教学评价机制的重视不足会严重地阻碍学生的线下学习积极性，从而为其外语学习过程的完善性创造阻碍。因此，教师对于线下教学的评级机制进行合理的完善与改进就很有必要。例如对于学生视频观看的进度以及观看的时长与平均时间进行合理的考核考量，并以此为依据建立分数评价规则，为学生的线下学习过程做出合理的评价，从而有利于通过线下学习过程评价机制的完善性来增进对学生线下学习过程的监督过程，为学生外语学习的积极自觉性做出合理保障。

注重交流能力与团队合作精神的培养。混合式教学模式作为一种自由化比较高的教学模式，因此其发展空间与上限也是非常高的，所以教师在这种模式下就要改变以往传统的教学思维，不要只注重知识的传授，同时还要注重对于学生交流能力与合作能力的相关培养等等，从而有利于学生的全面发展。例如教师可以在课上进行小组交流讨论、外语话剧表演以及其他等涉及交流与合作的相关课堂活动等，学生通过参与这些课堂活动，不仅会增强他们自身的交流合作能力，也有利于促进其之间的友谊等。

混合式教学作为一种创新性的教学模式，还有很大的发展空间。因此针对其实施过程中所出现的线上线下衔接不流畅的问题进行合理的讨论与改进，从而促使其更加合理与完善，增进其对于大学生外语学习的促进作用是很有必要的；同时，这也是我们每一个教育工作者不可推卸的时代使命。

第二节 基于教学翻译的线上线下高校外语教学设计

教学翻译一直都是促进外语教学的重要手段。但是随着信息技术的不断发展，传统教学翻译越来越无法满足新时代学生的学习需求。矛盾突出表现在教师不能及时详尽地反馈每一份翻译作业，偏重笔译练习忽视口译训练、学生机械背诵翻译内容，应付教师抽查等方面。本节认为线上笔译、线下口译或许可以成为教学翻译融入线上线下结合教学的可行途径。利用阿里钉钉等自动评阅平台，学生可以瞬时获得翻译的语法检查，或者教师也可以人工给予评阅。课堂上，可以组织学生视译、听译，完成课文词汇短语的检查、重要句子的讲解，有助于学生锻炼口语、提高公开演讲的能力。

运用翻译来促进外语教学，一直是大学外语教学的重要研究内容。突如其来的疫情让网课流行起来，信息技术对大学外语教学形式的革命性影响不断突显。一方面，学生对传统课堂教学的兴趣在不断衰减；另一方面，线上教学还远未成熟，作为线下教学补充形式的地位未得到根本改变。如何将翻译更好地融入线上线下结合教学，是亟须探索的重要课题。

一、教学翻译

教学翻译与翻译教学是一对非常相似的概念，穆雷明确提出了它们的区别。他认为前者的定位是外语教学，目的是检验并巩固外语知识、提高语言应用的能力，侧重语言结构的训练。而后者是翻译学的范畴，面向的是职业译员。面对非外语专业的学生，教师应该侧重选择教学翻译，提高学生语言的应用能力。

从内容上看，教学翻译主要包含两大块：（1）课文翻译；（2）围绕课文编写的翻译练习。课文翻译最常见的就是从课文中挑选出一些句子，让学生在课堂上练习。而编写的练习题常常作为课后作业，算入平时成绩。显然，这种训练的主要目的就是反复训练学生对语言点的掌握。翻译内容多出自课文，较少涉及时事。从形式上看，教师在日常大学外语教学中更多涉笔译，如课后习题、四六级试卷的段落翻译等，较少涉及口译。从方法上看，主要是教师布置作业，下次课检查或者上交教师批改，学生往往反复酝酿，把翻译作业做成了背诵作业。

传统教学翻译多在线下进行，暴露了许多问题[3]。首先，巨大的人工批阅成本让学生从教师处获得的反馈有限，教师不充分或不情愿批改的现象比较普遍。其次，传统的课堂检验方法很容易促使学生背诵翻译，将词汇语法练习变成了记忆练习。最后，学生的视听说技能往往无法得到锻炼，无法弥合与市场需求的差距。面对这些问题，本节认为教学翻译应当同时包括口笔译。笔译可以锻炼学生反复锤炼译文的能力，而口译则可以锻炼学生的口语能力、提升自信等交际能力。本节提出线上笔译、线下口译的教学设计，将教学翻译充分融入线上线下结合教学来弥补上述不足。

二、线上笔译

线上笔译可以依托具备自动测试功能的平台，比如 itest, iwrite。这类由出版社提

3　刘英爽. 国际化背景下大学外语跨文化教育的瓶颈和转型趋势 [J]. 教育评论，2016（7）：115-117.

供技术和内容支持的平台和教材结合紧密,方便教师使用教材资源布置笔译练习。缺点是必须购买服务,而且没有移动客户端。但是一些移动办公软件恰好可以弥补这些不足,比如阿里钉钉。钉钉新上线的学习圈功能,配备了可以自动批改作业的"外语作业"小程序,主要功能就是以句子为单位批改语法错误,这恰好契合教学翻译的主要目的。通过多次模拟测试,作者发现"外语作业"的批阅结果主要分成三种类型,即红色的语言错误、绿色的好词好句和黄色的警告、提示性内容。阿里钉钉使用的自动评分算法能精准识别绝大部分错误,并给出具体错误类型,比如动词错误、词性错误等。这可以最大限度地缓解教师需要批阅大量作业而反馈不细致或干脆不反馈的现实矛盾。

线上笔译的训练内容也应超出课文或配套练习。一方面经过多年循环使用,学生很容易获得参考答案而降低训练效果,另一方面广泛涉猎各类题材是大学外语教学的本质要求。因此,教师可适当增加课外内容。

三、线下口译

线下口译利用课堂时间完成。口译的形式多种多样,为了更好达到大学外语教学的目的,可以采用难度较低的形式,如视译、单句口译等。线下口译的内容可以是教材的句子,或者课后习题,教师也可以添加一些口译中常用的句型作为补充,以满足市场对学生基础口译能力的需求。其他大学生的记忆能力无法和外语专业或翻译专业学生相比,也无须达到这个要求,因此线下口译可以更加注重视译。学生可以边看材料边输出翻译,这样既达到了训练的目的,又可以锻炼学生的口语表达、公开演讲的能力。视译的内容也可以更加丰富。比如将传统的单词听写变成视译练习,教师将重点单词和短语投屏,学生进行即时的口译;也可以设置时间限制,比如利用PPT等软件的定时换页功能,规定学生必须在一定时间内完成视译。当然也可以挑选学生进行单句听译,或者组织学生在课堂互相进行听译,教师分组进行监督。

线上线下结合教学方兴未艾,有线上教学不断加强、两者不断融合的趋势。本节提出了线上笔译、线下口译的线上线下结合教学设计。依托自动评阅平台,教师可以开展线上笔译,过去批改作业无法照顾每一位学生的困难迎刃而解。课堂开展线下口译,帮助教师充分引导学生参与课堂教学、引导学生注重口语表达。

第三节　高校外语线上线下翻转式教学实施路径探索

互联网技术与教育的深度融合，催生了"互联网+"背景下线上线下翻转式教学模式。这种新教学模式促进了教育资源均衡化、教学方法科学化、学习个性化。线上线下翻转式教学是大学外语教学改革的一项重要的探索和尝试，能较好地发挥在线教育和传统教育的优势，增强学生的学习主动性，形成"教学相长"的良性循环。

随着互联网、云计算、大数据等技术的发展和普及，人类社会已经步入"互联网+"时代。互联网技术与教育的深度融合，催生了翻转课堂、微课、慕课等教学模式，这些新的教学模式对教育者和学习者提出了更高的要求和希望，促进了教育资源均衡化、教学方法科学化、学习个性化，有效提高了教育质量和教学效率。2007年教育部颁布的《大学外语课程教学要求》明确指出，新的教学模式应以现代信息技术特别是网络技术为支撑，使外语教学朝着个性化学习、不受时间和地点限制的方向发展。"互联网+"时代新的教学模式对培养学生的外语应用能力和自主学习能力有着积极的创新意义。

一、大学外语线上线下翻转式教学的现实需求

近年来国内高校大幅度削减大学外语课时，使得广大外语教育工作者面对一些新挑战：如何将有限的课内时间与大量的课外时间有效结合；如何将外语学习从课堂延伸到课外，从线下拓展至线上；如何构建一个网络立体式学习空间和学习平台。解决这些问题是当前大学外语教学改革的重点。

在"互联网+"时代，现代信息技术广泛应用于大学外语教学，不但使教学手段实现了现代化、多样化，而且促使教学理念、教学形态发生了变革。线上线下翻转式教学模式在大学外语教学上的运用，满足了信息时代网络化教学的需求，极大地丰富了教学内容，拓宽了教学路径，也加速了学生学习角色的转变。

基于网络资源的外语教学，能灵活地给予学生明确指令和学习任务，组织学生进行线上自主学习、探究认知，线下提出问题、讨论结果。与传统教学相比，线上线下翻转式教学将原本的教学秩序进行了重置，能较好地调节学生的个性差异和学习进度，最大限度地增加学生的碎片化学习时间，让学生更好地进行自我感知、自我认知和自我内化。

二、大学外语线上线下翻转式教学的路径构建

学习用户群构建。学习用户群是由不同个体基于学习过程中的协作交流和相关学习资源的使用而建立起来的网络学习群体或社会认知群体。学习用户群源于"虚拟社区"概念。"虚拟社区"概念由社会学家瑞格洛德于1993年率先提出,意指由一群通过计算机网络连接起来的突破地域、时空限制的人,通过网络彼此交流、分享信息与知识,形成具有相近兴趣和爱好的特殊关系网络,最终形成具有社区意识和社区情感的社群。

学习用户是构建网络学习系统的第一要素。在线上、线下环境中,凡是接触、了解、使用、传播、讨论有关大学外语各类学习资源的学习者、交流者、参与者,都可以称为学习用户或用户群。学习用户群提倡的是"人人教、人人学""处处教、处处学""时时教、时时学"的新型开放式学习模式,用户既是学习者又是教学者,既是学习资源的消费者又是学习资源的供给者、生产者和管理者。在"互联网+"学习环境中,教学内容并不限于文本知识,学习用户可以进入语言学习的开放环境,通过网络学习平台,参与学习交流活动,获取学习资源,完成学习任务。

线上学习平台构建[4]。互联网的快速发展为线上学习提供了可靠的外部条件。加拿大拉瓦勒大学教育学院教育技术部主任迈克尔·鲍尔(Michale Power)指出,网络在线教学平台实际上就是供学习用户群体获取资源、交流沟通、开展个性化学习和自由发声的场景。这个场景是开放式的,可以为学习者的学习和教师的教学提供环境支持。教师借助平台推送学习资源、构建学习模式、开发学习终端,可以尽可能地满足学生的学习需求,尤其是非正式学习和微学习或碎片化学习的要求。构建具有生成性、开放性、联通性、智能性、微型性等特征的网络在线学习平台,能有效解决线下学习资源不足和缺乏真实交互语境的问题。

超星尔雅、超星云课堂、智慧云、爱课程、雨课堂、蓝墨云班课等都是基于线上学习而开发的学习平台。这些学习平台具有易学、易用、易管理等特点,为学习者提供了实时互动的硬件条件,构建了线上线下教学的自媒体交流渠道;采用"线上观看学习+线下讨论测评"的翻转课堂形式,实现了多元化、多模态混合式教学。在这些平台上,教师利用提问、讨论、纠错、问卷、评价、头脑风暴等教学形式,和学生进行线上互动交流。

---

[4] 王汉英,胡艳红,徐锦芬.美国康奈尔大学外语教学观察与思考[J].教育评论,2015(7):165.

线上线下学习资源库构建。无论是线上还是线下，学习资源都是教学活动中的核心要素。线上学习资源，除传统学习资源外，还有在线可随时获取的网络学习资讯，以及数字化资源、移动学习资源、微型学习资源等内容，它们以文字、视频、音频、动漫、图表、数据等形式呈现，其中微型化或碎片化学习资源应用广泛。线上学习资源是大学外语课程在线学习的一个重要载体，在线学习内容丰富、形式多样，具有情境性、交互性、即时性、动态性等特点。课程的学习资源建设应坚持"学生为本""实用为主、够用为度"原则，以满足网络环境下碎片化学习以及非正式学习的要求，使学习者在不需要花费太多时间的基础上，轻松愉悦地掌握某一知识要点，弄懂一个内容片段。

在"互联网+"环境下，大学外语在线课程要利用网络优势，以项目任务为引导，将语言知识、语境描述、语言技能融为一体，动态展示课程学习内容，将语言运用、提问讨论、句型提炼、拓展实践等内容，以微课短视频、文字图片、主题音频、PPT课件、画外音讲解、练习题库等形式呈现给学习者。为了激发学习者的学习兴趣、维持他们学习时的连续注意力，学习内容的设计要遵循低认知负荷原则，做到内容容量小、片段时长短，一个微课就是一个学习点，保证资源的颗粒化和碎片化，方便学生在课后的零散时间里学习。

线上线下教学流程构建。学习已经不仅是为了掌握知识内容，更重要的是掌握学习的方法和获得知识的途径，以及形成知识与人相互作用、相互交织的网络。任何行之有效的教学模式、教学方法都离不开教师和学习者的参与和投入。线上线下翻转式教学流程分为课前、课中和课后等三个阶段。（1）课前：知识传递阶段。教师在课前根据教学内容，制作和创建线上学习资源，包括微视频、微音频、文本等与课程相关的资料。通过网络传输、推送学习资料，发布平台资讯，供学生点击浏览。学生通过观看，了解学习内容，完成课前预习任务，并提出相关问题。（2）课中：内化扩展阶段。学生针对课前预习的内容，展开线下学习，进行全班讨论或分组讨论。期间，教师听取学生交流，答疑解惑，对学习内容的重点和难点进行讲解、分析和提炼，并且对学生的学习成果给予点评和指导。这种线下学习模式改变了学生"依赖教师灌输"的学习状况，使学生的学习变得更主动、更有个性，既有助于知识的内化，也有助于培养学生的批判性思维能力。（3）课后：成果固化阶段。教师在章节教学结束后，对学生的学习进行全面评价和总结，反馈上一阶段的学习情况，布置下一阶段的学习任务，并将优秀作业（作品）制作成范例，供学习用户群体观摩。

线上线下翻转式教学，以网络教学平台为载体，以培养学生的外语综合应用能力为目标，以彰显听说能力为前提，以视听说促阅读，阅读促写作，突出教学的规范性和创新性。翻转式教学要求学习者养成自主学习的良好习惯，从确定主题、寻找素材、提出疑问到探究学习、完成任务，全程自主、自愿、自律。教学评价也体现了多元化原则，需结合学生线上参与程度、学习的主动程度、完成线上线下作业的正确程度，以及期末考试成绩等具体情况进行最终的综合学业评价。

三、实施大学外语线上线下翻转式教学的可行性

"互联网+"背景下的线上线下翻转式教学在实践中获得了令人满意的结果。这种教学模式是大学外语教学改革的发展方向和必然趋势。

学生的网络信息需求使线上线下翻转式教学成为可能。学生对线上学习非常有兴趣。线上学习具有丰富的在线资源、生动的媒体手段、便捷的互动交流、超时空的学习机会等优势，使当代大学生通过互联网自主学习、个性学习的意愿更加强烈。学生对网络信息的需求是多元的、全方位的，表现为综合化和个性化，资讯信息在学生平时的学习和生活中发挥着越来越重要的作用。他们除了学习本专业知识外，还需要了解更多外语方面的综合知识，并且将分散的外语知识融会贯通，构建个性化学习数据库，扩大对外语知识的学习及应用范围，完善语言学习的认知架构，从而提高外语应用能力、文化素养和品位。学生从大量的一般性信息需求满足转向对解决问题起关键性作用的高效的信息需求满足，通过教师的指导，培养并提高他们的针对性学习能力，以满足高层次学习的需求。大多数学生非常认可线上线下翻转式教学模式，认为网络教学平台能提供丰富的知识，并且愿意主动去学习，参与学习用户群里的互动交流。

教师技术素养的提高使线上线下翻转式教学成为可能。翻转课堂教学模式的成功实施离不开高素质的一线教师。教师的学科素养、教育教学素养、信息技术素养及教育智慧等，共同决定了翻转课堂教学质量。教师的现代化技术素养直接关系着他们能否熟练操作网络教学平台，能否熟练上传和更新学习语料，能否熟练调用其他学习平台上的资源和数据，"交互式"的教学和管理能否实现。具有较高技术素养的教师能轻松驾驭现代媒体，将线上教学作为常态化工作模式，能不断更新教学理念，灵活运用教学方法，动态提供教学信息，个性化定制教学内容，满足学生的多样化学习需要，

跟上现代化教学改革的节奏。在翻转课堂教学模式下，教师的角色已从以知识讲解为主转向以答疑解惑为主，从注重学生对知识的理解转向重视学生高层次思维能力的发展和综合素质的培养，从面向学生全体转为面向学生个体。更重要的是，有效实施大学外语线上线下翻转式教学模式，是新时期教师专业成长的重要途径之一。

现代技术的高速发展使线上线下翻转教学成为可能。随着网络通信技术和互联网技术的快速发展，高校实施线上线下翻转式教学成为可能。先进的技术和完善的硬件设施，为互联网线上学习的开展创造了良好的条件。大学校园网、Wifi全覆盖、数字化校园和智能型园区建设以及智能手机的普及，为线上外语学习提供了可靠的支撑条件。线上教学是一种借助移动设备，能够在任何时间、任何地点进行教学的方式，所使用的移动设备能够有效地呈现学习内容，并且为教师和学生提供双向交流通道，保障在线学习和互动的畅通。利用网络教学平台，学习者可以自主地对学习时间、地点和方式做出个性化的选择，开展动态的自主学习。大学外语线上教学在呈现真实场景、微课视频、动画片断、音频演播等教学内容时彰显了交互式媒体的优势，确保自主学习过程的互动性、趣味性。大学外语在线学习平台提供了过程评价和结果评价相结合的智能型教学评价工具，支持灵活的评价策略，能实时提供学生学习、教师教学和教学过程的量化数据，有效推动了线上教学的开展。

线上线下翻转式教学使培养学生的自主学习能力成为可能。线上线下翻转式教学是培养学生自主学习能力的重要手段之一。在大学外语教学中，这种翻转式教学模式要求学生有较强的自控能力，这是提高学生自主学习能力的关键所在。线上线下翻转式教学是一种逆向的授课方式。它的逆向表现在以下环节：（1）课前，学生对所学内容先观看、先自学、先记录、先认知；（2）课中，教师不刻意讲解全部内容，而是通过活动环节的设计，答疑解惑，给予个体化点评和纠正，再提出新的任务。线上线下翻转式教学强调个性化教学与自主学习相结合。学生在教师的指导下，根据自己的学习特点和水平，选择合适的学习内容、学习方法和学习时间，自愿参与网上学习论坛，自主进入虚拟教学课堂。这样的自主学习氛围能潜移默化地培养学生良好的学习习惯和提高学习能力，有助于学生较快地提高外语综合应用能力，获得最佳的学习效果。

大学外语线上线下翻转式教学模式吸引了越来越多的教师和学生。线上、线下教学形式各有优缺点，在大学外语教学实践中将线上教学与线下教学相结合，进行教与学的翻转，能够实现两种模式的充分互补，因此，受到广大教师和学生的肯定。

网络教育方式能弥补线下教学模式中学习资源不丰富的缺点。互联网中丰富的信息资源拓展了教学内容的深度和广度，为学生创造了更多的学习机会，提供了更便捷的学习途径。但是，海量的网络信息有时也会分散学生的注意力，使学生对必须完成的学习任务关注不够；教师也难以控制学生的线上学习进程和学习效果；学生长时间观看手机播放的教学视频和微课，也有可能失去学习兴趣。因此，大学外语教学还是不能忽视面对面的课堂教育和一对一的师生沟通，线下教学有助于解决线上学习碰到的一些问题。

线下教学具有实时互动性，教师可以随时关注学生的课堂学习情况，随时调整教学方法，学生在观察同伴的过程中开展交互学习。外语学习离不开场景的感知、同伴的交流、文化的渗透以及思维情感的体验，离不开以知识为载体的现场互动教学。当然，线下教学也有不足，如学习资源多是枯燥的文本资料、学生只能跟着教师的节奏学习、一堂课结束后无法回放教学过程等。课堂上，教师要顾及大部分学生，难以做到面面俱到，不能始终考虑所有学生的个性化需求。

教师开展大学外语线上线下翻转式教学，必须准确把握教学理念，细致规划课程方向，明确线上学习目标和线下教学目标，提出具体的教学要求。教师要结合大学外语课程的教学任务，增加新的资源，上传新的微视频、课件 PPT、文字资料以及链接等，以充实和更新学生在线学习的资源库，保证学习内容的新颖性、时效性、实用性。总而言之，线上线下翻转式教学改革较好地融合了在线教学和传统的课堂教学模式，能够有效调动学生的学习主动性，实现"教学相长"的良性循环。线上线下翻转式教学有待广大教师在大学外语教学中不断深入探索。

第四节　线上线下协同教育模式下外语课堂学习焦虑

基于"互联网+"时代背景下线上线下协同教育模式中外语课堂教学中学生出现的焦虑现状，本节分析了导致外语课堂学习焦虑的原因，并提出了降低外语课堂学习焦虑的若干策略，为外语教学提供可操作性的建议。

人类的生产与生活，因为互联网技术的飞速发展发生了深刻的变化。李克强总理在 2015 年的政府工作报告中首次提出了制定"互联网+"的行动计划。这个"+"，意味着互联网将与各个产业相融合，产生新的运行模式，推动各行业的发展与创新。"互联网+"带来了一场全新的信息革命，成为各个产业改革的动力。"互联网+"教育意在借助以互联网技术为代表的现代教育技术力量推动教育改革。"互联网+教育"为教育行业带来了巨大的变革和创新,传统的教育模式和教育观念正面临前所未有的冲击和挑战,这是时代发展的必然,也是教育发展的新方向。

一、"互联网+教育"的背景与内涵

《教育信息化十年发展规划(2011—2020年)》中明确提出"扎实推进信息技术与教育的深度融合,实现教育思想、理念、方法和手段全方位创新"。2015年7月,国务院颁发了《关于积极推进"互联网+"行动的指导意见》,其中明确提出"要鼓励互联网企业与社会教育机构根据市场需求开发数字教育资源,提供网络化教育服务。鼓励学校利用数字教育资源及教育服务平台,逐步探索网络化教育新模式,扩大优质教育资源覆盖面,促进教育公平。鼓励学校通过与互联网企业合作等方式,对接线上线下教育资源,探索基础教育、职业教育等教育公共服务提供新方式。推动开展学历教育在线课程资源共享,推广大规模在线开放课程等网络学习模式,探索建立网络学习学分认定与学分转换等制度,加快推动高等教育服务模式变革"。从中我们不难看出,教育行业与互联网的融合,是一种创新的思维方式,这会产生一种创新的教育形态,也会为教育改革带来了机遇。"互联网+教育"涉及多领域多方向协同共建,对教育的改变也将是多层次的。陈丽教授将"互联网+教育"定义为"特指运用云计算、学习分析、物联网、人工智能、网络安全等新技术、跨越学校和班级的界限,面向学习者个体,提供优质、灵活、个性化教育的新型服务模式"。随着教育信息化的推进,我国教育在基础设施建设、软件资源与师资培训等方面发展迅速。云计算、移动互联、大数据和人工智能等技术在教育领域的应用不断深化。微课、慕课等教学网络平台的开发,翻转课堂的利用和智慧校园的创建,也使得教育的方式呈现多样化、个性化和泛在化的形式。

二、线上线下协同教育

线上学习资源的多样性。互联网时代网络与科技的飞速发展丰富了人们的学习方式。网络中充满了各式各样的信息,这些信息的传播没有时间和空间的障碍。先进的科技也给学习者带来了新鲜的多感官全方位的交互体验,在线学习作为一种新的学习模式为越来越多的学习者接受并使用。目前互联网上的线上资源有微课、慕课

（MOOC）、私播课（SPOC）。2016年被称为"知识付费元年"，知乎、果壳、喜马拉雅FM、得到等无数个知识平台诞生，知识付费的用户迅速增长。

现在高校中应用较为广泛的是微课和慕课。我们给"微课"（或者称为"微课程"）的定义是："微课程"是指时间在10分钟以内，有明确的教学目标，内容短小，集中说明一个问题的小课程。微课短小精悍，主题突出，在教育领域得到了快速的传播和广泛的应用[5]。教育部全国高校教师网络培训中心平台上展示了上万件制作精良的微课作品，推动了高校教师专业发展和教学能力提升，促进信息技术与学科教学融合，搭建了高校教师教学经验交流和教学风采展现的平台。大规模在线开放课程（Massive Open Online Cource）简称慕课（Mooc），发端于美国。2012年，"MOOC元年"开启之后，慕课迅速在全球升温。据不完全统计，截至2017年8月，全球慕课数量达到6000门，中国的慕课数量达到1700门。

爱课程网上推出了中国大学MOOC、中国职教MOOC、中国大学选修课等若干的线上开放课程。江苏省教育厅也与爱课程网站共同创建了江苏省高校在线课程中心，这个在线教学平台目前已有本科类课程346门，高职类课程133门。其高职类课程中上线了笔者所在院校多门课程如《设计素描》《建筑结构》《建筑装饰施工图绘制》《钢结构工程施工》《混凝土结构施工》《实用外语Ⅰ、Ⅱ》《思想道德修养与法律基础》等。2018年我校的《建筑装饰施工图绘制》与《钢结构工程施工》被教育部认定为国家精品在线开放课程。另外，笔者所在院校还与超星公司合作建设了本校的网络教学平台，用以展示笔者所在院校近年来的校内竞赛获奖的教学微课作品，以及各个二级学院的教师团队制作的在线开放课程，便于笔者所在院校教师学习观摩和学生们的导修辅学。

笔者所在院校在爱课程网上推出的省级在线开放课程《实用外语》（Ⅰ、Ⅱ），是为笔者所在院校公共基础课《大学外语1》和《大学外语2》制作的配套线上课程，授课对象是大学一年级学生，在第一学年的两个学期进行，每学期持续15周。在线开放课程的制作与讲授，皆由笔者所在院校担任这门课程的中青年任课教师承担。他们身处教学一线，积累了一定的教学经验，熟悉教材，并且信息素养较高，可以利用信息技术与课程进行整合。每一个单元的课程根据单元框架结合教学目标，教师团队制作了若干个时长约十分钟信息集中、重点突出的微视频和课件。学生不仅可以观看微视频，还可以查阅内容翔实的课件。《实用外语》在线开放课程为学生提供了生动多元的文化环境，有利于学生进行课前预习，线上师生和生生交互讨论，课后练习与测试。在线

5　秦秀白，张凤春. 综合教程3（学生用书）[M]. 上海：上海外语教育出版社，2014.

开放课程的使用为学生提供了优质资源，避免信息冗余，提高了学习质量和学习效率。

线下课堂教学的不可取代性。慕课以新型的教学理念为基础，借互联网发展和移动智能技术之长，迅速发展成为高校教学中常用的一种教学模式。而慕课的发展并不能取代传统的线下课堂教学。线上的慕课与线下的课堂教学相结合，能实现优势互补的效果。

首先，课堂教学中教师的衣着、身体语言、眼神的交流，对于学生来说，都是无形的信息，这无疑是言传身教的魅力。这是在线观看视频，对着冰冷的屏幕观看数字资源无法得到的。

其次，线上的数字资源提前制作，具有时间短，针对性强的特点。但它无法根据学生现有状态随时做出调整。课程的教授应以学生为中心，符合学生现有的需求。而课堂教学则可以根据学生的状态灵活机动随机调整。

最后，线上资源时间短，呈现碎片化趋势，无法针对某学科中的某项知识进行系统地梳理，从而让学生有"只见树木，不见森林"的感觉。而课堂的教学时间相对较长，教师能带领学生对某个知识点进行系统有条理的梳理，更利于学生知识系统的建构。

线上线下协同教育构建外语课堂。2018年11月教育部高教司吴岩司长在第十一届"中国大学教学论坛"上题为"建设中国金课"的报告中指出，要充分重视课堂教学这一主阵地，努力营造课堂教学热烈氛围。要合理运用现代信息技术手段，积极推进慕课建设与应用，开展基于慕课的线上线下混合式教学。笔者所在院校一贯重视在线开放课程建设与应用工作。先后立项建设高清录播室、智慧教室等现代化教学场所。教务处对课程平台进行细致规划，对课程建设做好精准服务。采用项目立项模式，构建国、省、校三级在线开放课程建设体系，明确课程建设目标、课程建设流程和保障措施，组织课程建设研讨会，提升在线开放课程建设的水平和质量。截至目前，笔者所在院校在课程平台上线的在线开放课程已有200余门，单门在线课程最高访问量超过560万人次，有力地推动了线上线下混合式教学等教学方式变革。

线上平台提供的丰富资源，智慧教室的推广应用，使学生学习知识的方式与学习环境发生了悄然的变化。如今中国在线教育用户总数突破2亿人。统计显示，微信等热门应用程序是中国学生接受线上教育的重要途径，通过智能手机接收在线教育服务的用户较去年增加63.3%，约占用户总数的96.5%。

教学模式和教学环境的创新，也使课程评价随之发生了改变。笔者所在院校大学外语的考评方式从原来的30%平时成绩+70%期末卷面成绩调整为30%平时成绩

+20%慕课平台学习反馈+50%期末卷面成绩。这种创新型的多元化综合评价有诸多优点。教师对于学生学习过程观察性考核可以客观地反映学习者的学习态度,教学网络平台的测试数据详细客观地记录了学习者的学习状况,而期末考试闭卷统考的终结性测试则侧重于学生真实学业水平的考察。

三、线上线下协同教育模式下的外语课堂学习焦虑现状

以互联网、云计算、大数据等为代表的现代信息技术,已然对教学方式、学习方式、学习资源、学习环境、师生关系等产生了重大影响。随着科技的不断进步,网络覆盖校园,智能终端进入课堂。学生获得知识的途径多元化,教师利用网络采用线上线下协同教育模式。但课堂教学中学生的学习焦虑却依然存在。课堂中经常会出现"尴尬的"沉寂和"低头族"现象。教室里容易和老师互动,得到老师关注的座位,如距离讲台较近的前几排和过道两边的座位,通常都会成为闲置座位。因距离和设置而产生交流障碍和关注度较弱的边缘座位反而成为抢手座位,如教室后排座位和靠墙的座位,以及教室中间因课桌联排老师无法进去的座位。另外,课堂问答环节,学生会因羞涩、紧张、害怕而出现低头或挠头的动作,回答问题声颤或音小,甚至有些学生会手心冒汗,心跳加速。联通主义认为,焦虑情绪是影响学习者建立主题和课题连接的六因素之一。这也与美国语言学家Krashen(1982)提出的情感过滤理论不谋而合。他的二语习得理论影响了各层次综合外语教学的发展。Krashen也认为,当在没有焦虑的环境下,有足够的机会有意义地运用目标语时,最有利于二外习得。而上述这些课堂现象都是学生在外语学习过程中焦虑情绪的体现,无疑会对其外语学习产生负面影响。

四、协同教育模式下降低外语课堂学习焦虑的策略

学校管理层面。学校管理层面应建立全面科学的课程评价体系,这对于学生的学习有着良好的反拨作用,能够促学促教。课程评价内容不仅要将课程的知识特点与人才培养模式相结合,还要考量"互联网+"背景下线上线下相结合的协同教育模式,科学地划定线上课程和线下课程的考评权重。虽然笔者所在院校的学生总评成绩已经随着教学方式的改变做了一些调整,将在线开放课程也纳入考核的范围。但考核评价主体相对单一。考核的主体可包括教师、学生群体、学生个体和数据平台这四个方面。学生群体的评定有利于促进团队合作,确定平时团队项目中学生个体的贡献。学生个体自评有利于引导学生加强个人反思。目前数据平台的数据只有在课程结束时才反馈

给教师。数据平台数据的滞后反馈造成教师对于学生线上课程学习情况不甚了解，学生出现的倦怠情绪和学习中的问题得不到及时关注和解决。因此要利用网络的即时性，及时将数据反馈给教学双方。

另外，考核评价体系的构建应基于课程教学模式和人才培养模式，充分考虑学生地区差异和个性化差异，尤其是要考虑新生的适应性问题。大一学生在报考的江苏省高等学校外语应用能力考试（三级）时，A级和B级可以自由选定。对于报考较难的A级的同学可以采用单项奖励，或奖学金评定中单项进行加分，或者采用免修一门公共选修课程的方法进行鼓励。并且二级学院要定期阶段性地组织师生教学研讨促进会，保持师生间教学反馈渠道畅通，使问题可以及时得到关注与处理。

教师层面。首先，教师应树立主导—主体相结合的教育思想所倡导的教学观念，既要吸纳传递—接受的优点，又要吸纳自主探究的长处，即在奥苏贝尔教学理论和建构主义学习理论指导下形成的有意义的传递与教师主导下探究相结合的教学观念。对于教师设置的任务，学生有些可以积极参与，也有些会消极不合作。课堂上出现这种现象，教师要善于调节自我情绪，不能武断地、机械化地统一要求。每个学生都是独立的个体，基础差异和个性差异客观存在。这种现象在所难免，不必强行要求所有学生必须全情投入全部完成。教师要尊重学生的个性，注意维护学生的自尊。教师要能够转变角色，以学生为中心，及时体察到学生的隐形情绪，加强对男生群体的关注。教师的纠错一定要考虑环境和方式方法，在纠错的同时也要考虑到学生所付出的努力。适时更新教学理念，多反思教学环节，灵活机动地采用多种授课方法，以减少焦虑情绪，调动学生的积极性，保持通畅的师生交流与和谐的师生关系。

其次，教学媒体的变化最明显，而教学方式的变化相对缓慢。在线课程的设计不能是课堂讲授的照搬。那样仅仅是"换汤不换药"。基于网络的联通模式为合作探究与分布式认知发展创造了条件，联通主义学习正好体现了"从关系中学、从合作探究中学"和"分布式认知"等全新观念。可见，这种教育环境有利于合作精神与合作能力的培育与成长。教师应精心设计在线课程的教学内容，为学生搭设脚手架，给学生的合作学习与知识体系建构创建良好的基础。

最后，教师在增强信息素养的同时，还要注重对学生信息素养的培养，以适应线上线下协同教育的教学模式。教学中教师不仅要关注结果更要注重过程的引导，利用智慧教室中的投屏功能，不仅可以向学生展示教学课件，还可以投放教师的手机屏幕。这样教师可以示范并指导学生利用手机学习软件，搜寻相关的信息。教师教授的就不仅仅是语言点和某个知识点，而是展示作为学习者知识获取的途径。这样学生学习到的就不仅仅是某个课程中的知识点，而是逐渐地学会遇到相似的问题如何在互联网上寻找解决问题的方法，逐渐培养学生甄别信息、获取优质资源的能力。

学生个人层面。首先，学生应逐渐学会自我心理的构建和调适。可将大目标划分为小目标。本学期大目标如大学外语三级考试未过，但小目标的完成也是自我的成长标志。虽然没有拿到奖学金，可是考试没有挂科。或者虽然挂了科，但是没有作弊，经受住了品格的考验，内心坦然。挂科并不意味着人生的失败，可以通过补考或者重修来弥补。面对生活中的不如意，要学会自我鼓励和心理调适，不给自己或他人找别扭。开阔心胸，增长自信，坦然积极地面对生活中的困难。

其次，学生应发展批判性思维，加强自控能力。现代知识社会中，充斥着各类信息。互联网是双刃剑，提供了很多的信息资源，但其中也充斥了很多劣质的资源。如何对信息进行去伪存真，去粗取精获取优质信息，这要依靠自己的批判性思维，多问自己的问题，多和同学探讨，多向老师求教，才能获取的。"学问"就是靠问询、讨论、比较才能学到的。同样，智能手机进入课堂，不少"低头族"因自控能力差，未能抵抗手机娱乐诱惑，智能手机反而成为课堂专注听讲的障碍。

另外，学生应加强信息素养提高自主学习能力。"互联网+"时代要求学生具备一定的信息素养，以适应新型的学习方式。不少学生尚未改变依赖的心理。

父母的支持。进入高职院校，学生来自天南海北，任课教师几乎接触不到学生家长。可以通过辅导员与父母搭建的沟通渠道，及时反馈问题。不仅可以使家长对学生的生活多些了解和关注，亦可对于学生克服课堂焦虑起到积极作用。

随着人本主义心理学的发展，我国外语教学的中心逐步从教师、教材转向学生，第二语言习得焦虑越来越受到研究者的广泛关注，对于该领域的研究呈动态增长趋势。但国内对于外语课堂学习焦虑的研究对象多集中在外语专业的本科及研究生群体，或是非外语专业本科生群体。我国大学生总数中高职学生约占一半，而这部分群体的外语水平偏低，学习焦虑现象较为普遍。大学外语是高职高专院校学生必修的基础课程。并且，外语成绩的高低决定专科学生将来能否通过参加"专转本"或"专升本"考试，升入本科院校接受学历深造。因此，研究高职高专院校大学外语线上线下教学模式中外语学习焦虑现状，可以为一线教师提供理论依据和实践参考，帮助解决学生目前所面临的学习困难，从而有效提高外语教学的质量。

第五节　基于MOOC的高校外语线上线下混合式教学

在信息技术时代背景下，线上线下混合式教学模式应运而生。目前大学外语混合式教学仍停留在传统的以教师为中心的教材配套资源+课堂教学的模式，但在"互联网+"背景下，混合式教学模式应把优质的网络教学平台作为创新发展的基石。本节基于MOOC平台，在剖析我国高校大学外语线上线下混合式教学模式现状的基础上，构建出适应大学外语课堂的线上线下混合式教学新模式，提供开展混合式教学模式的内外保障条件，以期为高校大学外语线上线下混合式教学模式提供新思路。

在信息技术发展的推动下，逐渐提出诸多新的学习环境与学习方式，基于互联网环境下的教育思维、理念、方法也在推陈出新。国家高度重视信息化教育教学工作，先后制定了《国家中长期教育改革和发展规划纲要（2010—2020年）》《教育信息化十年发展规划（2011—2020年）》《教育信息化"十三五"规划》《教育信息化2.0行动计划》等一系列文件。由此可见，扎实推进教育信息化发展，是新时代下我国教育改革发展的重要战略选择。

《教育信息化2.0行动计划》中提出："提升慕课服务，汇聚高校、企业等各方力量，提供精品大规模在线开放课程，达成优质的个性化学习体验。"MOOC（massive open online courses）就是在信息技术背景下新时代的产物，它开启了"互联网+教育"的新模式，突破传统的时间、地点、空间的限制，提供一种全新的学习方式和多元化知识传播模式。而线上线下混合式教学模式，可以将网络在线教学与传统线下教学的优势结合在一起，通过两种教学组织形式把学习者的学习引向深度学习。

大学外语作为大学通识教育的基础课程，对当代大学生的未来发展与外语创新思维的培养具有现实意义和长远影响。本节基于大学外语课程混合式教学模式的教学现状，将线上线下混合式教学与优质的MOOC网络教育平台互动融合发展，构建出基于MOOC的大学外语线上线下混合式教学新模式，营造以学生为主体的多元化大学外语课程教学环境，并提出高校大学外语课程开展混合式教学模式所需的保障条件，以期为高校大学外语课程混合式教学提供借鉴，培养出具有国际视野的大学外语人才，帮助学生在大学外语课程中朝着自主学习和个性化学习的方向发展。

一、基于 MOOC 的大学外语混合式教学现状

（一）基于 MOOC 的大学外语混合式教学成效

1. 大学外语课程教学活动主体的转变

在大学外语混合式教学的线上教学阶段，学生通过课前观看教师上传的 MOOC 教学视频来进行自主学习，教师在 MOOC 平台中针对学习者线上自主学习提出的问题进行答疑解惑，不仅加强了师生的互动，而且帮助学习者在大学外语课程中完成由被动到主动参与教师教学活动的转变。在大学外语混合式教学的线下教学阶段，教师改变传统大学外语课堂中填鸭灌输式的教学方式，转变为以学生为中心、多种课堂教学活动并存的授课形式，大学外语课程由"教—学"转变为"学—教"的模式，真正做到以学生为主体开展大学外语教学活动。

2. 大学外语课程教学效果的提升

基于 MOOC 的大学外语混合式教学为学习者提供了个性化学习的可能，突破了传统大学外语课堂缺乏互动教学、统一进度教学的局限性，实现了参与式、探究式、自主式学习方式，为大学外语课程增添了趣味性，提高了学习者的学习兴趣，从而形成教学共振。以往的大学外语课程无法做到兼顾每一位学生的外语学习状态，而现今学生在 MOOC 平台中可以按照自己的节奏进行线上课程的自主学习，教师通过 MOOC 后台掌握各班级学生的线上自主学习情况，更有利于开展后续针对性教学[6]。除此之外，教师在 MOOC 平台得到的反馈信息也较为真实准确充分，学生在论坛中可以选择匿名发表观点，提出意见，教师可以通过平台数据的反馈信息有效调整教学方法，这在某种程度上提升了教师的外语教学效果。

3. 大学外语课程评价方式多元化

基于 MOOC 的大学外语混合式教学的评价方式改变了以往传统的大学外语课程评价，充分发挥网络在线学习与传统课堂教学的优势，不再以终结性评价为主，更注重线上线下的形成性评价，依托 MOOC 平台、课堂活动的过程性评价使大学外语课程评价方式更加多元，学生不仅只关注课程最终考核成绩，而且在大学外语课程中通过各类教学活动培养了学生的合作精神、外语素养、创新思维。同时检验学生对某一部分外语知识的获得程度，是一种对学生"定性"的评价方式，有利于教师准确评价学生对这部分外语知识的掌握程度，也有助于学校准确评估教师的教学价值。

---

[6] 王允庆，孙宏安. 高效提问 [M]. 高等教育出版社，2016.

（二）基于 MOOC 的大学外语混合式教学存在的问题

1.MOOC 平台缺乏有效管理与监督

基于 MOOC 平台的大学外语线上混合式教学需要学习者高度的学习自觉性，在 MOOC 网络教学平台上，不存在督促学习者完成学习计划的管理者或是监督者。课程本身有教师制定的课程结束时间，学习者需要规划好自己的线上大学外语课程学习时间，及时观看大学外语课程教学视频，完成章节习题、论坛讨论、阅读外语材料等其他任务。许多学习者缺乏自我管理、自我约束、自我监督能力，没有合理规划好线上学习时间，无法在有效时间内完成 MOOC 大学外语课程的观看或无法通过大学外语课程考试，其线上大学外语课程则被系统判定为不合格，学习者需要重新补修课程。

2.MOOC 平台教师与学生互动模式单一

虽然 MOOC 平台建立起了教师与学生线上沟通的桥梁，但多限于单方面互动，在平台中教师与学生的互动模式较为单一，缺乏师生双向有效互动。例如，学生针对大学外语课程在讨论区提出疑惑或建议，许多教师会招募助教帮助完成平台的日常工作细则，教师往往不能及时查看并给予学生答疑，难以及时跟进学生的学习动态，这在一定程度上影响了学生的学习效果。许多学生在讨论区的发言是为了获得模块得分，从而可能提出无效问题，不利于师生的双向有效互动。

3.教师缺乏混合式教学系统培训

基于 MOOC 的线上线下混合式教学对于教师的信息化素养有更高的要求，教师不仅要学会制作 MOOC 视频资源，还应懂得 MOOC 平台中基本的维护与管理工作，在线上为同学们答疑解惑，这些活动的开展离不开教师的信息素养技能与教学资源整合的能力。而现今高校能够熟练应用 MOOC 展开大学外语教学的教师较少，教师缺乏混合式教学系统的培训，以至于线上教学活动不能有效高质量地顺利进行，使得大学外语课程的教学质量难以得到质的提升。

4.课程考核评价主体仍以教师为主

现今许多高校大学外语课程考核已采用多元化评价方式，评价的方式不再为单一的终结性评价，更为注重线上线下的过程性评价与形成性评价，但大学外语课程考核评价的主体仍以教师为主，教师通过学生线上线下讨论参与度、签到出勤率、提交的作业、小组展示、课程考试来整合出这门课程的分数，虽然评价方式更具多元，但是评价的主体仍以教师为主。在大学外语课程考核评价中可以采用学生自评、互评、教评的方法给出评价与反馈，学生在自我评价与给他人评价过程中准确定位，有益于学生查缺补漏，构建出更为科学合理多元的课程考核评价体系。

二、基于MOOC的大学外语线上线下混合式教学构建的原则

（一）全面发展性原则

《国家中长期教育改革和发展规划纲要（2010—2020年）》提出要培养大批国际化人才，国际化人才首先需要具备熟练应用外语的能力，还需要具有国际视野、外语创新思维、外语综合运用能力、适应社会行业发展的需求。基于MOOC的大学外语混合式教学模式的构建需要以学生的全面发展为目标，教师的教学过程不能仅限于基础语法知识的传授，而要注重学习者外语"听说读写译"能力的提升、学生自主学习习惯的培养、学生运用外语处理实际问题的能力、小组协同合作能力等方面的全面发展。

（二）互动参与性原则

混合式教学模式的构建需要实现各个主体之间的互动，也就是学生与教学资源之间、学生之间、学生与授课教师之间的互动交流。基于MOOC平台的线上混合式教学不仅需要满足学习者和平台教学资源的人机互动，还需在模块设计中充分体现教师与学生之间的人人互动。在线下混合式教学中教师应灵活运用适合大学外语课程的合作、探究、情境式等教学方法，帮助学生主动参与到大学外语课程的学习中。

（三）学生主体性原则

传统的大学外语课堂往往是教师占领主导地位，忽视了学生的主体地位。而基于MOOC的大学外语混合式教学模式的构建，教师在进行教学设计前要对教学要素进行全方位的前期分析，如对学习者特征、教学目标、教学内容、教学策略、教学环境的整体分析，设计出适合学生的MOOC教学视频，运用能够最大限度发挥学生主体性的教学方法，从而调动学生在大学外语课程中的学习兴趣。

（四）实用媒体性原则

教育心理学研究提出：五种感官在人类学习中，听觉与视觉占据重要地位，分别占比11%、83%。所以教师在设计大学外语MOOC教学视频时，需要把握学习者多感官的交替刺激，充分调动学生的学习效能，在呈现的教学视频中，知识点内容的阐述要言简意赅，过度冗余的内容不利于学习者知识点的建构。在课中还需注重媒体运用

的适度性，教师应结合本节课讲授的内容，并考虑学习者的接受能力来进行组合优化应用。

三、基于MOOC的大学外语线上线下混合式教学模式的构建

混合式教学模式是学生线上自主学习与线下教师课堂授课的有机整合体，并且在整个教学过程中也离不开网络技术环境与课堂授课环境的支持，因此，学生、教师、网络技术、学习环境、线上线下资源整合方式是混合式教学的五大要素。所以本小节对混合式教学的五大要素核心进行融合，对教学要素进行前期分析，将基于MOOC的大学外语混合式教学模式分为线上教学阶段、线下教学阶段、教学评价阶段来构建。

（一）大学外语线上教学阶段

首先，教师在授课前要制作MOOC教学视频，在设计大学外语教学视频时，首先需要分析学生的学情、制定教学目标、选择教学策略，设计大学外语课前学习任务单，帮助学生在线上自主学习阶段对单元有整体的感知。MOOC教学视频与传统线下授课时长不同，MOOC教学视频应把每周授课时长控制在2~4小时之间，每周的教学视频划分成若干小单元，每个短单元时长在6~10分钟为宜。其次，教师在设置MOOC线上教学模块时，可以在MOOC视频中嵌入简单的随堂测试，随堂测试的目的是测试学生的掌握程度与提醒学生保持注意力，此类题目应简单为宜。在前期MOOC线上教学准备工作完成后，助教可通过MOOC平台给各班级学生发放学习通知。再次，设置学习讨论区，在讨论区中学生可以针对教学视频提出疑问，对教师的MOOC教学过程进行评价，还可以帮助班内其他同学解惑答疑。助教通过查阅讨论区的信息帮助教师筛选出有效的反馈信息，教师根据反馈信息及时调整自己的教学方法，更好地把握教学重难点。最后，布置单元作业与考核，阶段性的单元在线授课后，依据此单元的视频课程设置单元作业或单元考核，并且设定最后提交的日期，如果超过截止日期，作业或考核便不能提交，学生也就不能获得对应的分数。

（二）大学外语线下教学阶段

学生动态的、个性化的学习需求是影响课堂教学的重要因素，所以教师在课堂授课前应对学习者线上自主学习情况进行分析，以便后续开展有针对性的教学活动。课中基于MOOC的线下教学阶段可按以下流程开展教学：首先，师生对课前MOOC线上自主学习深入交流，教师用集体讲授的方式对学生在MOOC平台上的疑问做出解答。

其次，按照课前分好的活动小组，开展多种形式的教学活动，如开展外语词汇打卡积分、外语情景模拟展示、外语主题辩论赛、外语电影配音、外语头脑风暴问答等教学活动来进行小组合作互动学习，教师灵活运用合作、探究、项目式等教学方法充分发挥学生的主体能动性，培养学生的创新外语思维与协同合作意识。最后，教师根据学生活动展示情况予以指导与评价，并做好本节课的知识总结，布置课后知识点复习巩固作业，发放下一个单元的课前预习任务单。

（三）大学外语教学评价阶段

线上线下混合式教学模式的评价质量体系由线上教学平台、教师、学习者及其教学评价共同决定，而线上教学平台的辅助支持体系、学生线下的自主学习、教师的及时答疑、高质量的教学设计以及贯穿于整个学习过程的评价考核体系是混合式教学模式不可或缺的组成部分，所以，建立一个完整的多元化评价体系有助于混合式教学模式的高质量有效实施。线上线下大学外语课程评估主要包括：线上MOOC网络学习记录（50%），课堂考勤（10%），课堂活动展示与评价（25%），作业、练习、测试（15%）。将形成性评价、过程性评价、终结性评价贯穿于大学外语混合式教学的全过程，终结性评价不再占据课程评估中的主要部分，其中课堂活动展示部分的评价采用学生自评、生生评价、教师评价三方评价机制，更加科学有效。

四、基于MOOC的大学外语混合式教学的保障条件

混合式教学模式的有序运行与开展需要各类部门、各类组织、各类人员的协同参与实施，基于MOOC的大学外语混合式教学的保障条件主要分为外部保障条件与内部保障条件。

外部保障条件主要由政府部门及相关社会机构主体组成。政府部门主要通过出台教育信息化相关政策、给予教育信息化专项资金拨款、信息化教学项目实施与评估管理等多种途径引导高校混合式教学的发展，优化高校大学外语课程体系与人才培养方案，紧跟时代发展的潮流，督促高校将信息技术真正应用到大学外语常规教学中，培养出具有国际化视野、外语创新思维和综合运用能力，适应社会行业发展需求的国际化人才。相关社会机构主要是各类教育行业与教育企业，其可以为高校混合式教学的开展提供网络在线教学平台，与高校共同开发精品在线课程，培养高校大学外语教师相关专业混合式教学授课模式的教学方法。

内部保障条件的主体实施者为高校与教师，内部保障条件可从三个方面来支撑大

学外语混合式教学模式的有效运行。一是教学管理部分，建立教学管理人员、互联网技术人员、教师、学生的教学管理系统。教学主体管理人员主要管理校内在线教育教学的工作规章制度与混合式教学评价体系的建设，如在注册MOOC账号时，需要管理员统一将教师账号信息反馈给MOOC平台运营人员完成赋权创建课程，选择设置课程负责人并填写相关课程信息；互联网技术人员主要负责网络在线平台的运营与维护工作；教师则需登录MOOC平台注册MOOC账号激活，并完善个人信息。在大学外语混合式教学中，教师应充分应用移动网络教学平台展开教学，积极参与大学外语课程建设，主导学生为主体的教学理念，参与大学外语混合式教学培训，不断加深自身的信息化素养与外语专业教学水平；学生需要注册MOOC账号，填写本校信息认证，并根据教师发送的选课通知选定课程，在规定时间内进行线上自主学习。二是教学资源管理部分，也就是开发建设与本校大学外语课程相关的教学资源，如MOOC平台的大学外语教学视频，院校可以与MOOC平台签订合作协议，共享共建精品在线课程资源，学生可以跨校选修课程并且学分互认。三是教学实施部分，也就是教、学、管、评四位一体的教学实施体系，全面把握混合式教学实施的各重要因素的协同配合，保证大学外语线上线下混合式教学能够高效运转，最终使线上线下混合式教学衍生出广泛接受的集成式教学模式。

"互联网+"背景下，传统的教学模式已经不能适应当下信息化时代的教学要求，线上线下大学外语混合式教学模式成为大学外语课程教学改革的必然趋势。基于MOOC的混合式教学模式是大学外语课程新的发展方向，当下大学外语教学的关键在于传统面授教学与信息化网络教学手段的整合，打造第一课堂与第二课堂的协同发展。在大学外语课程教学改革的道路上，应进一步在MOOC的混合式教学中不断创新实践探究，大学外语课程教学焕发生机，以促进大学生外语素养的全面提升。

第六节　基于在线直播课的高校外语线上线下混合式教学

信息技术的快速发展为大学外语教学改革提供了更多的选择，传统的现场课堂教学已不能满足新时代学生的学习需求。本节基于在线直播课，在深入剖析我国在线直播教育现状的基础上，进一步阐述在线直播运用于大学外语教学的可行性，根据自主学习理论、远程学习圈理论、个性化学习理论、现代学习理论，探索出外语学习氛围浓郁，能有效实现实时互动，提供学生多模态表达，延伸学生学习范围的基于在线直播课的大学外语线上线下混合式教学模式，并提出模式实施的对策建议。

互联网、人工智能等新技术的不断发展和智能移动终端的迅速普及，以及新媒体技术的广泛应用，加快了信息化时代教育方式的变革，大学外语教学方法也变得多样化。2019年中共中央、国务院印发了《中国教育现代化2035》和《加快推进教育现代化实施方案（2018—2022年）》，提出加速推进教育现代化，利用现代技术推动人才培养模式变革，建设智能化校园，促进教育公平，提高教育质量，优化教育结构。《教育部关于全面提高高等教育质量的若干意见》也提出"创新人才培养模式，创新教育教学方法，倡导启发式、探究式、讨论式、参与式教学。"在"互联网+教育"背景下，混合式教学应运而生，最早提出混合式教学的何克抗教授认为，混合式教学是未来教育发展的主要方向。

混合式教学模式（Blended Learning Model）是整合传统课堂教学与网络学习的优势，弥补传统课堂教学的不足，伴随教育信息化的发展而形成的一种新型教学模式。其具有灵活性和便捷性、教学方法多样化、教学资源丰富性、互动交流渠道多样等特点。在教学中采用线上线下混合式教学能较好地体现"以学生为主体，教师为主导"的教学理念，发挥教师引导、督促学生学习的作用，学生学习不再受时空限制，促进学生自主学习，达到最佳的教学效果，提升教学质量。近年来，混合式教学成为大学课程教学改革的研究热点，在众多信息化技术中，学者们围绕MOOC、SPOC、翻转课堂、微课、雨课堂等开展混合式教学的实践探索。但目前，基于在线直播课的混合式教学研究较为匮乏。基于此，本节尝试利用新媒体技术，探索基于在线直播课的大学外语线上线下混合式教学模式，以期为促进大学外语教学模式创新，提升大学外语学习效果提供新路径。

一、在线直播教育发展现状

（一）在线直播教育发展现状

在线直播的出现得益于娱乐产业的蓬勃发展，具有碎片化、社交化、移动化的特点，内容丰富、交互性强，不受时空限制，能有效弥补录播视频缺乏互动的缺陷。目前市面上比较热门的在线教育直播平台有YY教育、学而思教育、多贝网、腾讯课堂、掌门1对1等，这些在线教育直播平台都具备视频、语音、PPT、图片、分屏演示、讨论等功能，能满足当今时代学生学习需求。根据2019年中国互联网中心（CNNIC）发布的第43次《中国互联网络发展状况统计报告》显示，截至2018年12月，中国在线教育用户规模达20123万人，在线教育用户使用率达24.3%，较2017年年底增加4605万人，年增长率达29.7%，其中，用手机参与在线教育课程的用户19416万人，与2017年年底相比增长7526万人，年增长率高达63.3%，这说明在线教育在我国处于快速发展阶段。

在线直播课是借助网络直播平台展开的一种在线课程学习模式。国内较早尝试运用在线直播进行大学外语教学的是上海外国语大学冯庆华教授，2013年其在同济大学讲授《翻译有道》时，运用信息技术手段直播授课内容，吸引了多所高校学子跨校同步学习，这种线上线下混合式学习模式，一经推出便备受关注。

目前，在线直播课主要依托 APP、网页、客户端这三种方式呈现教学课程，使用在线直播平台开展教学的教师，在平台上建立自己的直播间，学生可以灵活选择授课时间与课程内容，进入在线直播教室，远程学习知识。随着网络直播技术的成熟，这种新型的教学方式，使教学过程变得更为便捷，不仅营造了课堂氛围，还能实现实时师生互动，获得越来越多学生的关注和支持。黎静认为在线教育在课前、课中和课后三个阶段发挥了不同的作用。在课前，教师主要是根据教学目标提出预习内容，学生自行完成学习任务，预览学习内容、思考问题；在直播课中，教师构建网络化学习情境，进行重难点讲授，引导学生探究学习，互动交流；在课后，教师组织学生拓展练习，巩固所学知识。在线直播教育开展的利益相关体对在线教育的关注点有所不同，教师群体主要关注如何结合传统课堂教学，设计在线教育的教学方式与教学活动；学生群体关心在线教育是否会增加学习负担；而家长们则担忧在线教育是否会对孩子产生负面影响；教育管理部门则关注教育体系的构建，在保证在线教育有效运用的前提下，转变教与学的形式，提高教学质量。

（二）在线直播教育发展存在的问题

1.学习者的积极性与参与度不高

相比传统的课堂，在线直播课程为学习者提供了较为丰富的学习资源，自由性比较高，对学生的管束、限制也比较少。所以，在一定程度上要求学习者具备较强的自制力，但是在学习者群体中，只有少部分学习者拥有较强的自制力，大部分学习者自我约束力和自我控制力较弱，参与在线直播教育课程的积极性不高，能按时参与在线直播课程的学习者人数较少。在直播课堂上，主要还是以学生听课为主，师生交流互动不太频繁，课堂参与度低，导致完成在线直播课程的质量亦较低[7]。

2. 不同课程内容参与人数存在较大差别

在线直播教育的在线人数与直播课程内容关联度较高，在第一次上课时，实际在线人数往往较多。学生在接受一定授课内容后，能根据自己的学习状况，有针对性地选择自己相对薄弱的课程内容和感兴趣的知识点，参与在线直播学习，而对于已经掌握的知识点，则选择不参与，这容易导致不同课程内容参与人数变化较大。

3. 在线直播课堂教学氛围难以控制

在线直播课即便是通过网络平台进行授课，师生不在同一空间，但是同样能像传统课堂一样，营造出课堂氛围，构建虚拟教学环境，师生直接进入在线直播教室展开教学。在线直播课的课堂主要是由教师进行控制，在线直播教学过程中，是否能营造出活跃的课堂气氛，呈现较好的教学效果，主要取决于教师教学水平的高低、教师的教学风格，以及教师是否精心备课。如果教师没有提前了解学生的思维水平和知识点的理解程度，就难以因材施教，调整教学以适应学生接受水平；另外也受学习者本身的专注度和自觉性影响。所以，在线直播课课堂教学氛围往往难以控制。

4. 师生间有效互动难以做到及时性

相对于以往的录播课程，在线直播课具有实时互动性，能拉近师生之间的距离，让学生感觉教师就在身边，可以直接交流互动。在线直播课的师生互动，在课前，主要是课前预习的指导；在课堂中，主要是学生对于知识点疑难的地方做出提问，或者设置课堂讨论环节，教师能当堂迅速解决；而课后，学生可能会遇到一些问题，会在学习讨论区向老师提问，这就存在及时性问题，教师不可能24小时在线，难以时时与学生保持联系，给予学生及时快速的回复，再加上在线直播课堂面向的学生众多，当学生提问人数较多时，教师需要一定的时间去一一解决，导致师生间有效互动难以做到及时性。

二、基于在线直播课的大学外语线上线下混合式教学可行性分析

（一）教学方式三元化，可以实现以学生为中心的价值取向

传统课堂以教师为主体，学生在课堂学习中往往是被动地接受知识，而基于在线直播课的线上线下混合式教学，强调学生的自主性，核心在于学生的"学"而不是教

---

7 赵周，李真，丘恩华. 提问力 [M]. 北京：电子工业出版社，2018.

师的"教",其教学活动主要围绕学生的"学"开展,学生才是教学的主体,反映了以学生为中心的价值取向。相比以往"填鸭式""灌输式"的大学外语教学课程模式,在线直播课的教学知识点辐射的范围广,其设计充分考虑学生的个体差异性。学生能自行调节学习进度,对于尚未完全掌握的知识可以回放之前直播课的录播,这种方式能有效缓解大学外语教学中学生水平差异问题。

此外,采用混合式教学模式,能提供多样化的学习方式,设计形式多样的媒体学习材料,供学生选择,学生可以自由选择学习环境和学习内容,灵活安排学习时间。在教学方法方面,这种混合式教学模式沿用传统课堂教学方法的同时,采用多样化的现代化信息教育技术手段,能实现教学方式的三元化,即满足个体自主式学习、群体协作式学习、师生互动式学习。

(二)模拟真实情景,体验式外语教学更易被接受

在线直播课实际上是把传统的课堂在网络空间上呈现,现有的在线教学直播平台都具备举手、笔记、点赞、私信聊天、发布文字、图片、视频等功能。其中,"举手"这一功能和现实课堂的举手发言是一致的,在直播课上学生在平台上举手提问,教师即可及时答疑解惑,学生能获得实时反馈,形成互动课堂。库伯体验学习理论认为,体验学习是以体验或经验为基础的持续过程,教师不只是灌输新的思想,还要处理、修正学习者原有的经验。在直播课上,大学外语教师不再是简单的灌输知识,解答错题,而是借助视听化多媒体手段,构建模拟真实情景教学,使一些抽象概念具象化,引导学生理解并吸收知识,组织学生构建学习互帮小组,学习者之间可以在不同空间同频共话,一起练习外语口语对话。即便是把传统课堂迁移到虚拟空间,学生仍然可以看到教师的授课内容、开课时间等信息,整个教学过程是透明的,更易被接受。

(三)互联网技术的成熟,为在线直播课提供技术支持

移动学习是未来教育的发展趋势,移动学习技术的成熟,使学生可以不再受时间、空间等因素的限制。5G时代的到来,网络速度加快,带来了高质量、更流畅的视频传输与通话体验,在线互动更便捷有效,可以随时答疑,教学与学习的体验更为真实,学习资源的下载也变得更加高效,能极大地增强教师在线直播课堂上的能力。而基于云的存储技术为学生和教师存储与分享学习资料提供了便利,学生可以把关于直播课程的相关内容安全地存储在云上,教师则可以按班级将文件分类,随时查看学生作业,共享资源,使得基于在线直播课的混合式学习模式更为便利。云计算和大数据技术则

能为在线直播课的教师收集数据，根据学生的作业、测试、出勤等，分析研究学生学习行为，调整教学策略，制定个性化学习课程。

三、基于在线直播课的大学外语线上线下混合式教学模式的构建

在借鉴已有相关研究成果的基础上，本研究依据自主学习理论、远程学习圈理论、个性化学习理论、现代学习理论等理论基础，探索出外语学习氛围浓郁，能有效实现实时互动，提供学生多模态表达，延伸学生学习范围的基于在线直播课的大学外语线上线下混合式教学模式。具体措施是将基于在线直播课的大学外语线上线下混合式教学模式分为线上在线直播教学阶段、线下现场课堂教学阶段、综合教学评价阶段来构建。

（一）线上在线直播教学阶段

首先，教师以学生的需求为目标，根据大学外语的课程标准，选择合适的教学内容，不仅要涉及通识外语（EGP）教学，更要重视专门用途外语（ESP）的教学，合理设计教学，编写教学计划。然后，在教学直播平台上发布课程预告，上传课程预习资料至资源共享区，提醒学生自行下载，做好课前预习，引导大家学习。上课前，学生自行进行课前签到，教师在后台统计学生出勤情况；在大学外语课程在线直播教学中，教师围绕重难点知识进行授课并加以详解，学生进行外语展示交流；发布课堂练习题，开展课堂讨论互动。在讨论区内，学生有困惑的地方可以随时在讨论区进行文字输入提出，教师看到学生的问题后，可以直接进行交流、解答，教师也可以开启学生语音功能，学生上麦发言；最后，在线直播课结束之后，教师布置作业，分享学习资料，学生存在疑惑的知识点或因特殊情况未参与直播学习的，可利用课余时间点播回放直播课程。此外，开设直播答疑教室，方便师生课下互动，也便于教师了解和掌握学生知识水平，根据"反馈原理"，结合在线直播教学及时调整教学内容。

（二）线下现场课堂教学阶段

奥苏贝尔的学习理论认为"学习者要具备一定的知识，以便与新知识产生关联"。学习是基于原有知识经验的构建，线下现场课堂的教学内容与线上直播课堂的教学内容要具备关联性，线下现场课堂教学主要目的是为学习者建立知识基础，以便在直播教学中与这些知识之间建立联系，更好地理解和接受知识，使学习者的学习圈更为有

效地运作。教师以课程单元为一个整体,展开主题性知识的概述,邀请名师和外教进行授课,提高学生学习兴趣。在能力提升方面,教师进行听、说、读、写四个方面的示范、讲解,让学生组建学习小组开展练习,教师在现场及时纠正,发现学生深层思维误区。最后,采用话题展示的教学形式,提出与大学外语相关的话题,组织学生团队学习,围绕话题进行话题讨论,以话题为出发点,打破孤立的知识体系,引导学生积极探索知识之间的联系,深度思考,活化知识,以此提高学生交锋辩论能力,在运用知识中学习知识,在实践中顿悟与修炼,努力提升自我,实现体验中学习,达到知行合一的效果。另外,线下现场课堂教学也能增强学生与教师、学生与学生之间的交流互动,营造宽松活跃的课堂气氛。

(三)综合教学评价阶段

混合式教学模式的教学评价要求关注学习者的成长,实行定量评价与定性评价相结合的评价体系。基于在线直播课的大学外语线上线下混合式教学模式尝试从多维度观察学习者在教学中的表现,采用发展性教学评价,而不只是单纯关注考试分数。按照线上在线直播教学、线下现场课堂教学各占50%的比例,覆盖学生的全面表现,设计多维度评价体系,全面考查学生外语综合应用能力。线上在线直播教学评价由以下四部分构成:课堂出勤率(5%),在线学习(25%),在线讨论(10%),课堂任务(10%)。教师在直播平台上发布活动与资源时,设计经验分值,学生完成相应的活动或者下载查阅学习资源即可取得经验值,调动学生自主学习的积极性。线下现场课堂教学评价由以下四部分构成:课堂出勤率(5%),期末考试(25%),课堂活动展示与评价(10%),平时作业与测试(10%)。其中,主题讨论、话题展示环节,注重师生与生生间的评价,促进师生自我反思。另外,根据学生在课堂中展现出的协作能力与解决实际问题的能力,建立"课堂表现"加分制度,灵活开展教学评价。

四、基于在线直播课的大学外语线上线下混合式教学实施建议

(一)增加有效互动,营造良好的教学氛围

大学外语课程具有侧重词汇语法讲解的特性,在直播教学过程中,教师必须做到吐字清晰、语速适宜,防止语音在传输过程中造成语音连片,对关键的信息可以采用PPT、屏幕显示等途径展示。另外,由于在线直播课教学活动多样,教师要做好适时地切换,在互动环节避免进入空置等待状态,要根据学生反馈及时补充,把握师生互

动和生生互动的时间，保证课堂的流畅性。同时，教师在授课过程中要及时总结与点拨，引导学生紧跟老师思维，运用新的教学理念创设情境，激发学生参与的积极性和自主学习的意识。

（二）做好纪律约束，确保教学内容有效实施

教育直播与娱乐直播不同，不能过分庸俗化、娱乐化，教学内容必须严格按照教学大纲和课程目标进行。学生与教师要主动适应虚拟学习环境与现实课堂的差异，教师要增强在线直播课教学的魅力，让学生"学得进""听得进"，并做必要的教学纪律约束，让学生在直播中集中注意力，专心学习。

（三）组建教学团队，保障课程教学有效开展

教学改革光靠教师个人的力量是难以推动的，组建教学团队是推进大学外语在线直播课有效开展的重要保障。一是联合外语专业教师，整合教师相关教学资源，发挥在线直播教学的优势；二是组建教师技术团队，提供技术保障，管理教学直播平台；三是组织学生教学助理团队，辅助教师开展教学。

本研究对在线直播教育进行了深入的分析与思考，分析了在线直播教育的现状，得出了具有一定参考价值的结论。"互联网＋教育"是时代发展的必然要求，将在线直播课与传统课堂相融合，构建线上线下混合式教学是大学外语教学改革新路径，适用于信息化时代的大学外语教学。这种新型的教学模式，本质上并不会改变传统的教学，但如何把直播和教育更好地结合起来，是值得思考的问题，抓住在线直播教育的机遇，搭建教育直播平台，实现在线直播教育常态化还有很长的路要走。做好在线直播课理念、技术、管理、内容等方面的准备，迎接"互联网＋教育"时代是大学外语教育教学改革的必然趋势。

第五章 线上线下融合式的高校外语教学转型新路径

第一节 外语专业听力课程线上线下混合教学

近年来,在国际交往日益频繁、国际交流合作日趋深入的新形势下,外语听力的重要地位不断凸显。新《外语专业教学大纲》要求外语专业学生能听懂真实交际场合中各种外语会话。目前,传统的外语专业听力课,课时有限,一般为每周2节课;且教学模式单一,教学过程一般为"放音—对答案—讲解—再放音"。在这个模式中,学生的课堂学习时间十分有限,且始终处于一种被动状态,听力的内容、数量和场地都由教师操控。学生不能根据自己的水平选择学习内容,不能自我控制学习进度。学生的自主性、个体差异性和创造性不能有效地发挥。学生长期处于被动学习的状态,极易产生心理疲劳和枯燥感,教学效果受到很大影响。这样的教学模式,已经不能适应社会发展对外语人才的需求。教育部印发《教育信息化"十三五"规划》,鼓励教师利用信息技术创新教学模式,支持西部高校开展在线开放课程线上线下混合式教学改革。本节旨在研究外语专业听力课程,线上与线下有机结合的混合教学策略,进一步提高学生的外语听力能力。

一、混合教学模式建构的理论基础及可行性分析

1. 线上线下混合教学的定义。线上线下混合教育是指线上教育(网络教育)与线下教育(传统学校教育)的整合式教育模式,通过两种教育模式的优势互补,达到教育模式的改造,并实现教育教学水平的大幅度提升(卓进,2015:105)。线上线下互动教学模式是一种线上数字化在线教育与线下课堂教学相结合的教学方式,其目的是借助在线教学资源与信息技术促进课堂教学,以取得良好的教学效果(王若梅,2018:12)。

2. 理论基础："输入假说"。依据美国语言学家 Krashen 的二语习得"输入假说"，学好一门外语，需要有"足够的输入量"（Enough Input）。大量的语言学习材料是学习语言的重要条件，当学生对材料的学习达到一定数量时，学习者对语言的使用才能有质量上的提高，才能灵活地使用所习得的语言（潘丹丹，2016：217）。而目前传统的外语专业听力教学，受时间和空间的限制，学生缺乏足够的语言输入量。没有"量"的积累，就无法达到"质"的飞跃，更谈不上"灵活的运用"。因此，线下传统听力教学，需结合线上网络学习平台，突破时间和空间的限制，在课前和课后，根据不同学生的学习水平，提供不同难度、不同题材、多元化的听力学习资料，让学生可以依据自己的听力水平、学习兴趣及时间安排，选择适合自己的听力学习材料，自主能动地进行外语听力练习。

3. 混合教学模式可行性分析。教育部印发的《教育信息化"十三五"规划》，鼓励教师依托信息技术营造信息化教学环境，促进教学理念、教学模式和教学内容改革；推进信息技术在日常教学中的深入、广泛应用，适应信息时代对培养高素质人才的需求。当前，移动多媒体已十分普遍，学生的手机可以上网；且大学校园内大多都设有无线网及数字化校园，教室也可以连接网络，这使得线上线下混合教学成为可能[8]。

二、线上线下混合教学的衔接策略

课前（线上网络平台自学预习）。课前，老师将听力课程的总体教学计划和具体授课步骤上传到在线网络平台，以便学生了解该课程的总体要求和教学内容。在每个新单元之前，给出导学建议；并将与该单元课程相关的教学背景资料、音频、视频等上传到平台，学生可以在课前自学预习。对于教学重难点，教师还可以制作微视频，上传到平台。学生在课前线上预习时，还可以将有疑问的地方，在平台留言，以便老师在线下课堂教学时统一讲解。

教师在平台所上传的听力资料的难度，应遵循"i+1"原则。据 Krashen 的"输入假说"，最佳语言输入效果不仅需资料的数量还必须是可理解的、有趣的，其中可理解性尤为重要。克拉申用 i 表示学习者的现有语言水平，1 表示略高于 i 的水平，强调听力材料的难度不应该超过学习者的现有学习能力，但又要略高于学习者现有能力。若听力材料全部是学习者能够理解的内容，将无法激发学习者的学习兴趣；但若听力材料完全超出学习者的理解范围，又会使学习者产生焦虑，阻碍听力学习的正常进行。

---

8 陈帅. 大学外语修辞教学探析 [J]. 湖北经济学院学报，2013（9）：203-205.

因此，教师要选择难度适中的听力教学材料来激发学生的学习动机。

课中（线下传统课堂教学）。经过课前线上预习自学，学生已经比较熟悉听力课上将要学习的教学内容。在线下的传统课堂教学中，老师的任务主要有如下三点：其一，对学生听力策略及技巧进行训练。引导学生掌握读题干、找关键词、预测问题、做笔记等基本的听力技巧。其二，在课前已有的大量"语言输入"的前提下，引导学生进行"语言输出"。20 世纪 80 年代后期，Swain 提出了"输出假说"：输入是输出的前提和物质基础，但仅仅依靠输入还不足以内化所学的语言规律，只有通过输出才能促进输入的语言转化，进而形成学习者自身的语言系统。在课堂上，老师可以通过问答、角色扮演、故事复述、小组讨论、辩论、演讲等输出活动帮助学习者进一步提高表达的流利程度和正确性。其三，老师在线下传统课堂教学中，需要解答学生在课前线上预习时所提出的问题。

课后（线上作业完成及拓展性听力训练）。课后的线上网络平台学习任务，主要有如下三点：其一，老师将与课堂所学知识点相关的练习，上传到网络平台，学生在线完成课后作业；并复习课堂上所学知识点。其二，教师可将与课堂所听材料有关的深层问题，上传到网络平台，供学生思考和在线讨论。其三，教师可在平台上传视频、音频等听力资料，供学生进行拓展性听力训练。

三、线上线下混合教学的意义

自主学习能动性的提高。线上线下混合式教学，突破了时间、空间上的制约。只要在有网络连接的前提下，学生可以根据自己的时间安排，在任何地方，选择适合自己学习水平的、自己感兴趣的听力材料，进行自主学习，极大地提高了学生的学习能动性。

大量有效的"语言输入"+行之有效的"语言输出"。依据美国语言学家 Krashen 的二语习得"输入假说"，学好一门外语，需要有"大量有效的语言输入"。线上线下混合教学模式，保证了外语专业学生的"语言输入"，为"量变达到质变"提供了条件。Swain 的"输出假说"：仅仅依靠输入还不足以内化所学的语言规律，只有通过输出才能促进输入的语言转化，进而形成学习者自身的语言系统。在线下的传统课堂上，老师通过一系列的输出活动，帮助学习者进一步提高表达的流利程度和正确性。大量有效的"语言输入"+行之有效的"语言输出"，保证了学生良好的听力学习效果。

线上 + 线下（充分发挥各自优势）。线下传统的课堂教学，由于时间和空间的限制，学生的"输入量"远远不够，且不能有效发挥自主性、个体差异性和创造性。单一的线上网络平台学习，学生缺乏与老师面对面交流的机会，缺少老师的监督，也缺乏足够的情感支持。

而将线上线下结合起来的混合式教学模式，发挥了两者的优势、规避了两者的局限性，最大限度地提高了教学的质量和学生学习的效果。

国际交往日益频繁、国际交流合作日趋深入的新形势，凸显了外语听力的重要地位。传统的线下课堂教学模式，受到时间和空间的限制，已不能适应社会发展对外语人才的需求。而单一的线上教学模式，也有其局限性，如师生缺乏面对面的交流，学生缺少老师的监督和情感支持等。当前的新形势，使得线上线下相结合的混合教学模式成为可能，也成为必然。线上线下的混合教学，尊重了学生的个体差异性，充分发挥其自主性和创造性，有利于提高其独立学习的能力和外语听力水平。线上线下的混合教学，给外语听力教学带来了新的机遇，全方位提升了教学效果和学习体验，促进了教育信息化的深入发展。

第二节　线上线下混合式外语教学改革与慕课的关联

随着经济与科技的发展，线上线下教学凸显其重要性，大学外语写作教学迎来更新的挑战。慕课的出现为大学外语教学改革提供了一个新的平台。这些线上慕课弥补了传统教育僵化、刻板、缺乏创新性的弊端，共享了高等教育资源，对推进高等教育资源的大众化产生了重要影响，对培养各类人才尤其是经济型人才起着重要作用。

一、慕课的概念

慕课的含义为"大规模网络开放课程"，我国学者焦建利教授将它译为"慕课"可谓绝妙，有全世界学者慕名而来共同上课之意。360百科对它的定义为："新近涌现出来的一种在线课程开发模式，它发展于过去的那种发布资源、学习管理系统以及将学习管理系统与更多的开放网络资源综合起来的新的课程开发模式。"维基百科对它的定义为："大规模开放在线课程是一种针对大众人群的在线课堂，人们可以通过网络来学习在线课程。慕课是远程教育的最新发展，它是一种通过开放教育资源形式而发展来的。"作为一种教育和技术的结合，目前全世界慕课的三大学习平台为Coursera、Udacity和edX，这些平台免费注册，面对全世界的学者开放，向全世界的学者提供顶级大学的精品课程，这些课程以视频的形式呈现，辅以作业、讨论、评价以及师生、生生互动。学生可以根据自己的兴趣和需求自由地进行在线学习，在学习结束后还可以得到相应的证书。慕课的教育理念实现了教育资源的共享，促进了教育公平并满足了人们终身学习的需求。同时大学外语写作慕课具有慕课特点，主要具有大规模性、开放性、互动性和即时反馈性的特点。

二、国内外慕课研究综述

（一）国外慕课研究综述

作为一种新型的教育模式，慕课的真正崛起在最近几年。慕课的前身是美国犹他州立大学的课程"开放教育导论"和加拿大里贾纳大学的课程"社会性媒介与开放教育"，这两门课程的突破性在于邀请世界各地的著名专家学者远程参与课堂的教学活动。2008年，美国教授Dave Cormier与Bryan Alexander首先提出了慕课这个概念，并创建了第一个慕课课程，此后，大批的学者和教育家都采用了这种开放性的课程模式，纷纷在多所知名大学中开设了网络公开课，并大获成功。2011年年底，斯坦福大学的教授Sebastian Thrun与Peter Norvig面向全球联合推出《人工智能导论》的免费慕课课程，课程一经推出，立刻吸引了全世界16万人注册学习，这一课程得到了教育界的广泛赞誉，为高等教育的大众化和国际化做出了重要贡献。

《人工智能导论》慕课课程的巨大成功让全世界的高等教育看到了希望，慕课在全球迅速引爆，几乎所有的著名学府如哈佛、麻省理工、普林斯顿、宾夕法尼亚大学等都对慕课充满了热情，积极投身这场新的教育革命，使得慕课短时间内席卷全球教育界，成为高等教育提高教学质量和社会影响力的重要手段之一。鉴于2012年慕课发展的盛况，纽约时代周刊将其评价为"慕课之年"。慕课的力量和前景同时也吸引了很多技术公司，他们和这些著名高校合作，推出了很多开放性的慕课学习平台。

（二）国内慕课研究综述

作为一种新兴的教育模式，慕课自2012年引爆全球后也引起了我国的教育者的广泛关注，对于慕课的研究有了初步的进展，涌现出大批以慕课为主题的文献。尤其是当《2013慕课白皮书》在《中国教育网络》上发表后，我国对于慕课的研究进入了一个全新的、蓬勃的时代，对于慕课的理论研究取得了丰硕的成果，不同的学者和教育家从不同的角度对慕课进行了分析和探讨。研究表明，我国对于慕课的研究成果主要集中在以下几个方面：首先，对于慕课理论的研究；其次，探讨慕课对于我国高等教育的影响和作用；再次，慕课对于我国不同教育层次和学科的应用；最后，慕课三大平台以及我国国内的平台。从这些现有文献来看，我国关于慕课的研究还都主要集中于理论和高校的教改方面，而有关慕课在教学中的具体实践以及实用性的相关实证研究则少之又少。因为慕课是一种高质量的课程资源，又因为它是一种成型的学习模式，所以慕课在极短时间内迅速被传播，在大范围内被大量学习者所接受[9]。影响范围大以及具有大规模、在线、开放三大特点的影响，佳木斯大学的教师也开始关注慕课，研究其起源、定义、分类、构成因素、使用平台、教学模式、有利条件、发展现状、对传统教育及教师的影响。当前，大多数对于慕课的研究只是停留在理论基础，缺乏实证研究，缺乏对实践方面的关注。与211、985那些高等学校相比，佳木斯大学作为一般本科院校在教学资源、教学设备相对薄弱，同时由于学生人数多、一线教师少、教师资源学历相对较低等因素，佳木斯大学从实际出发，积极推进和尝试慕课、翻转课堂等教学方法，深化课程信息化改革。佳木斯大学慕课学习者中，有近半数的学习者会参加一门或两门的慕课学习，在这些学习者中，依靠慕课学习而获得证书的学习者极少。广大学生选择慕课学习的动机和他们的个人兴趣相关，而与是否能得到证书无任何关系。学生以自我实现为学习动机，他们的需求、兴趣是他们进行慕课学习的原因。所以广大学生对于慕课的主讲教师、学历、职称不是特别在意。目前从佳木斯大学学习者可以看到通过慕课的学习，可以大大提高学生的学习兴趣及增强自主学习的能力。

三、混合式外语教学改革与慕课的关联性

随着互联网时代的进一步发展、网络教学的逐步展开，慕课的到来为大学教学改革提供了一个新的平台，优质的教学资源得到共享，也为大学外语教学改革带来了新的机遇与挑战。笔者运用了关联主义学习理论和建构主义学习理论。因为慕课学习属于基于网络环境的碎片化的学习，但学科知识又是有体系的，因此就要把相对零散的知识关联在一起构成一个统一的整体。所以关联主义学习理论是本研究的一个理论基础。同时，慕课学习是在广阔的学习情境下，通过与老师和同伴的交流与合作随时随地进行自身知识的构建。因此，建构主义学习理论是本研究的另一个理论基础。以"佳木斯大学校本研究"为切入点，以佳木斯大学外语写作慕课作为研究内容，在"关联主义"和"建构主义"两大理论的指导下探究大学外语写作慕课对培养学生写作能力的有效性。

9　王涛. 大学外语教学中外语修辞格的赏析 [J]. 外语广场，2013（10）：97-99.

国内对慕课的研究还处于探索阶段，理论研究多于实践研究。实践研究主要集中在中国几大著名慕课平台。语言类的慕课开课更少，以中国国防科技大学的写作慕课为代表。但是其写作慕课主要针对大学外语专业学生、高年级非外语专业本科学生或研究生，同时讲授内容是自成体系的写作课程，与现行大学外语本科教材联系并不紧密，不利于低年级学生的学习。针对以上问题，佳木斯大学公共外语部创建了自己的《大学外语写作》慕课，所授写作技巧与讲授的《新视野大学外语读写教程》紧密相连，慕课视频可以作为大学外语翻课堂的视频材料。因此，本研究的目的是验证《大学外语写作》慕课对提高学生写作能力的有效性，同时以此来弥补现有大学外语慕课实证研究的不足。在《大学外语写作》慕课学习过程中，大多数学生能够顺利完成《大学外语写作》慕课。一部分学生辍学的原因主要是未跟上课程进度，其次是课程偏难，没有坚持的动力。在学习《大学外语写作》慕课过程中，最大的收获是扩展了外语写作知识和提升了外语写作技能。

随着科技的发展与教育教学理念的更新，大学外语教学中写作教学迎来了机遇和挑战，在信息技术的帮助下，传统课堂教师讲授转变成了以慕课为代表的网络环境下的教学。大学经历十几年的改革，外语写作问题日益突出，是阻碍学生过级考研的障碍，编者参考关联主义和建构主义学习理论，通过频数统计、单因素方差分析、独立样本检验和配对样本 t 检验的量化研究方法对佳木斯大学四个实验班 201 名学生问卷与写作测试收集的数据进行了分析。

通过问卷调查得出结论，研究对象中 97.5% 的学生使用智能手机，48.4% 的学生选择手机为数字化学习工具，78.1% 的学生愿意尝试把数字设备用于学习，78.1% 的学生认同并愿意实践于数字化学习，55.8% 的学生愿意以视频的方式进行数字化学习。

配对样本 t 检验显示，《大学外语写作》慕课能够提高学生的写作水平（$t=-8.982$，$df=200$，$P<0.05$）。

独立样本 t 检验结果显示，男生和女生在《大学外语写作》慕课的学习行为方面没有显著差异；男生和女生在《大学外语写作》慕课学习中获得支持方面没有显著差异；男生和女生在《大学外语写作》慕课学习体验方面没有显著差异。

单因素组间方差分析结果显示，高分组、低分组和中间组在学习行为方面没有显著差异；高分组、低分组和中间组在获得支持方面没有显著差异；高分组、低分组和中间组在学习体验方面没有显著差异。

《大学外语写作》慕课学习体验调查问卷数据统计分析结果显示，研究对象中

56.7%的学生之前不了解慕课；72.2%的学生是通过教师推荐对慕课有所了解；24.9%的学生根据自己的兴趣来选择慕课；在慕课学习过程中，47.3%的学生利用笔记本进行学习，36.8%的学生利用手机进行慕课学习；在慕课学习过程中，39%的学生选择在寝室学习，21.7%的学生选择在图书馆进行学习，选择自习室学习的学生占19%；在慕课学习过程中，88.1%的学生能顺利完成《大学外语写作》慕课学习，35.2%的学生由于未能跟上课程进度而辍学；43.8%的学生认为慕课视频时长在10~20分钟为宜。

在《大学外语写作》慕课学习过程中，学生遇到的主要障碍是没有学习过必要的基础知识、缺乏学习动力、遇到的困难得不到及时的反馈、不能坚持学习；学生完成慕课学习后的主要收获是扩展了知识或提升了技能、增加了学习兴趣、增强了自主学习能力；慕课需要改进的方面主要有增加教师与学生的互动、应增加配套汉语字幕、利用慕课进行线上线下翻转课堂教学。

第三节　线上线下融合式的高校外语教学实践

一、研究背景

在移动互联和各种在线教育课堂深入日常生活的大背景下，随着国际工程教育认证的全面铺开，理工类高等学校的课堂教学也应顺应时代的发展，利用"互联网+"平台和线上资源，基于"产出导向法"理论，采取线上线下相结合的混合式教学方式，通过数据通信与网络课程的辅助，采取新的大学外语教学模式，有效地进行国际化沟通交流。

在中国工程教育专业认证背景下，《工程教育认证标准》中第一项通用标准的毕业要求：能够就复杂的工程问题与业界同行及社会公众进行有效沟通和交流，包括撰写报告和设计文稿、陈述发言、清晰表达或回应指令；并具备一定的国际视野，能够在跨文化背景下进行沟通和交流。线上线下相结合的混合式教学方式，有利于培养学生专业英文交流和沟通的能力。

线上线下相结合的混合式学习研究现已成为国内外关注的热点，从目前大学外语教学课堂内外所面临的问题出发，结合当前在线教育发展的新态势，开展基于"产出导向法"的大学外语教学本土化尝试，以探讨线上线下相结合的混合式教学模式的有效性与可行性，对于实现知识传递、知识建构和内化、知识巩固和拓展具有一定的现实意义。各高校完善的硬件配备情况也能很好地满足基于线上线下相结合的混合式教学模式的要求。因此，在我国高校大学外语教学中应用基于线上线下相结合的混合式教学模式具有可行性。

  随着教育国际化、人才培养全球化的加速改革，线上线下相结合的混合式学习课程权重的加大是一种与时俱进的教学改革措施，信息化教学资源环境下开展混合式教学研究，对于大力推进优质的课程资源建设、揭示内在的教学规律、提高教与学效益、提升教师的信息化应用水平和技能、开发学生的创造性潜力、促进高校的教育教学改革均具有重要的意义。

  目前，国内基于"产出导向法"利用线上线下相结合的混合式教学模式培养学生的跨文化沟通能力还处于探索期，关于该模式的各种研究有待更多学者的积极广泛参与。线上线下相结合的融合式教学模式符合中国的外语教育发展趋势。随着逐渐深入的理论研究和不断拓宽的实践探索，线上线下相融合的教学模式将由局部试点发展到整体推进。

二、融合式的教学实践

（一）教学内容及面向对象

  本课程是面向非外语专业本科生开设的语言类基础必修课，目标是培养学生综合应用外语的能力，尤其是学生的语言输出能力，使学生在以后的工作、学习和社会交往中能够利用外语进行交际；注重学习策略的训练，增强学生的自主学习能力和终身学习能力；提高人文素养和跨文化交际能力，为社会培养具有国际视野的高素质人才。

（二）课程特色

  具备平面及立体教学资源，学习评价机制完善，方便在校学生和社会人员学习、测验在线课程建设，除了具备传统的课程标准、教案、教材等，还涉及重要知识点的微课视频及相关互动文化知识、游戏等，能够激发学习兴趣。该课程匹配的App有利于学生在线互动，实时交流，保证教学效果。

（三）课程体系

  以培养学生外语听、说、读、写、译等综合应用能力为主，重点提高口语和书面表达及翻译能力，增加文化和专业知识拓展内容。

  教学模式：3+1×3。第一个"3"是指综合学习，包括读写2节/周（语法、翻译等）、视听说 1 节 / 周（TED 演讲、文化知识等）。"1"是指实训课，即网络自主学习检查指导课 1 节 / 周。学生网络自主学习及课后测试，并进行口语活动。教师在网上检查学生学习的情况。第二个"3"是指 3 个学期。

（四）教学内容

第一个学期：注重纠正学生语音、完善语法体系，以及储备词汇。课程涉及的主要内容包括名词性从句、状语从句和定语从句等。在此基础上，侧重语言技能的培养，从听、说、读、写、译等语言能力入手，帮助学生过渡，实现从习得技能向产出技能的过渡[10]。

第二个学期：强调增强学生的写作和翻译能力，调动学生的积极主动性，促进学生熟练地掌握并运用词汇和句式；学会鉴赏经典英文文学作品；在视听说方面，除了强化训练语音的准确性，组织学生就指定的话题进行小组讨论，进行互评和教师点评相结合的方式；在阅读能力方面，侧重词汇的拓展和对篇章逻辑性的把握，注重讲解阅读技巧；在翻译方面，侧重学生的汉译英翻译实践，辅以适当的练习及测试。

第三个学期：侧重培养学生的口语、翻译和写作能力，增加跨文化交际知识和所学的本科专业相关的外语知识等。在熟练运用词汇、句法和语法的基础上，讲解英美文化、鉴赏经典英美文学作品；在视听说方面，选取外语国家广播电视新闻节目内容；在阅读方面，选取学生所学专业外语基础知识等训练内容；在翻译和写作技能训练方面，在基础训练的同时，侧重所学专业的文献资料和外语国家报刊上有一定难度的文章的英汉互译和写作实践。

（五）教学方法

在"以学习为中心、学和用一体、注重培养学生文化交流和关键能力"教学理念的指导下，采用泛在的、多元化教学模式。将理论与实践相结合；独立学习与小组协作相结合；主题讨论与技能培养相结合；主题、案例、情景教学与任务型教学相结合；课堂讲授与反馈互动相结合，建立多样化的教学模式。

1. 考核办法

教师以周为单位跟踪、检查学生线上学习情况，记录学生的学习进度，管教并管学，线上监控学生学时；定期组织在线互动答疑和讨论，检查线上学习内容并答疑，布置网上学习内容及进度，学生做学习交流；每学期第 2 周至第 12 周，每周安排教师

---

10 夏俊萍. 浅析大学外语教学中学生修辞鉴赏能力的培养 [J]. 吉林工程技术师范学院学报，2014（10）：68-70.

在固定的时间上网答疑、记录和汇总学生所提出的问题，并于下一次课考核学生掌握情况。

2. 考试方法

综合课程包括听力考试。听力和综合课程按 3 : 7 的比例，计算综合总成绩。听力实训课程每学期末统一考试，不及格者需重修、补考，直至及格。

3. 成绩评定

综合课程：平时成绩 40%、考试成绩 60%。过程性考核成绩由学生网上自主学习自测成绩、单元测验的成绩和课程视频、访问次数、随堂测试和平时作业综合计算而成。

听力实训课程：平时成绩 40%、考试成绩 60%（试题难度相当于大学外语四、六级考试水平）。

4. 构建基于 O2O 模式的大学外语翻译、写作教学模式

线上内容包括资源交流、网上实训和作业三部分。线下内容包括行为干预、人工干预和指导答疑。

资源交流：教师上传可供学生线上学习的优秀的翻译、写作范文资料，学生可以在任何时间、任何地点获取学习资料。平台同时为学生提供同步（虚拟教室）以及异步（讨论板）交流工具，增强学习效果，通过讨论板、实时的虚拟教室互动和小组交流实现协作学习。

网上实训：有规律地进行网上练习，根据 A、B、C 不同级别学生的情况，选取有针对性的练习内容，范围涉及语法现象、词汇搭配。可重复范文中的精彩部分及重要环节。

作业布置：在资源交流及网上实训的基础上，按教学进度定期发布作业，难度相当于四、六级水平，限定作业完成时间，鼓励学生按线上提示多次修改完善翻译及写作篇章。

行为分析：观察网上记录的学生学习行为，分析线上数据，调整教学内容。

人工指导：线上批改在词汇方面给予学生的反馈信息较多，但是语法、逻辑性、篇章结构以及思想内容方面需要教师进行人工指导。

指导答疑：做好教学辅导工作，进行词汇、语法、句法及结构的分析展示及拓展练习，并根据学生完成情况，有针对性地进行课堂点评。

5. 构建基于 O2O 模式的大学外语翻译、写作测试模式

测试类型：该项目包括全校规模的入学分级测试；期中、期末进行标准化在线测

试；基于计算机和网络的大学外语四、六级模考；以检测学生的学习效果为目的的阶段性测试；自主模考训练；各类教学评估类测试。该项目还可以拓展至研究生入学考试、雅思考试、BEC 商务外语考试等其他测试。

试题结构：在语料的选择标准及试题设计上，可根据实际教学安排和学生学习情况，选取相应难易级别的试题模块，也可与大学外语四、六级等考试难度一致。

题库建立：试题库的建设基于项目反应理论（ItemResponseTheory，IRT），可以根据不同教学对象定做个性化测试方案。IRT 是用于分析考试成绩和问卷调查数据的数学模型，模型的目标一般被用来确定潜在的心理特征（latent trait）是否可以通过测试题被反映出来，以及测试题与被测试者之间的互动关系。IRT 最大的优点是题目参数的不变性，被试在某一试题上的成绩不受他在测验中其他试题上的成绩影响；同时，在试题上各个被试的作答也是彼此独立的，仅由各被试的潜在特质水平决定，一个被试的成绩不影响另一被试的成绩。在实际使用前，试题经过项目分析（ItemAnalysis），通过大规模样本试测与校正，可以保证科学的难易度与区分度。

数据统计：对成绩进行记录、分析，提供清晰易读的成绩报告。能显示总体分数分布状况，具体分析某一题，从而更好地帮助师生对测试进行反馈，并可实现从组卷、审卷、监考到阅卷及成绩归档的一整套考试流程的信息化管理，教师利用在线考试、成绩统计与分析、自动组卷等教学管理功能，有效提高工作效率与教学质量，迅速全面准确地了解和评估学生的外语能力和教学总体效果。

三、教学理念

（一）强调以人为本的教学理念

现代教育重视强调以人为本，把重视人、理解人、尊重人、爱护人、提升和发展人的精神贯彻于教育和教学的全过程。

（二）增强素质教育的教学理念

传授知识、培养能力与素质在人才培养过程中是辩证统一、协调发展的。以帮助学生学会学习、强化终身学习意识和素养成为根本的教育目标，旨在全面开发学生的潜能。

（三）提倡创造性思维的教学理念

加强创新与创业教育，并促进二者的有机融合，培养创新、创业型复合型人才成为现代教育的基本目标。

（四）强化学生主体性的教学理念

从传统教育强调的以教师为中心转变为以教师为主导、以学生为中心、以活动为手段、以实践为保障，倡导自主教育和快乐教育，培养学生的学习兴趣和良好的学习习惯，使学生能够积极主动地去学习。

（五）支持个性化发展的教学理念

现代教育强调尊重个体的个性，鼓励学生个性发展，主张针对不同的个性特点采用不同的教育方法和评估标准，为所有学生个性化发展创造条件。

（六）倡导生态和谐的教学理念

现代教育大力倡导"和谐教育"，注重有机整体的"生态性"教育环境的建构。

四、教学设计的特点

（一）教学设计的教育性

在我国以应用型为主的高校课堂教学中，都不同程度地存在重传授知识和技术、轻教育的现象。为了增强教学的教育性，形成全方位育人的格局，教学设计必须遵循教学的规律，而且考虑到高素质应用型人才必须适应社会需求、为社会服务，除了掌握岗位所必需的相关知识和技术外，要先学会如何做一个合格的社会人。要做合格的社会人，就要强化教学的教育性。因此，培养学生养成终身学习的良好习惯，是高等院校教学教育性的重要体现。可以借鉴材料中提供的案例，对个人发展进行统筹规划；也可以根据理工类院校教育性的标准，深入剖析个人的优缺点；还可以通过与其他公共课和专业课课程内容的结合，提升学生批判式思维的意识与能力。

（二）教学设计的实用性

服务社会必然要培养应用型人才，因此，在课堂教学中体现实用性，是教学设计的基本要求。教学实践补充了语言学习特点和技巧，并启发学生结合自身理工科专业进行相关领域的语言学习，把外语学习和专业学习有机结合起来，实际应用价值较大。

五、教学反思

（一）根据需求充实课程

调研企事业单位对外语人才技能要求进行有的放矢的教学任务设计，实时更新教学内容。

（二）更新完善现有课程

更新和完善原有基础上的微课、flash 交互动画等系列内容。精选学生自编自导的情景剧，增强课程生动性。

（三）细化实训互动环节

根据真实的交际情境细化实训任务，每个任务都明确分工，对参与的负责人、成员的表现客观评价，列出反馈评价的系列表格。

（四）落实课程考核评价

改革课程评价，将形成性评价与终结性评价结合起来，全面跟踪评价学生完成任务的情况。在学生完成个人和小组任务的同时，取长补短，更好地应对期末考评。

（五）开展趣味性知识拓展

建立任务或项目总结模块，由学生搜集或录制相关视频，进行情境展示、分享并实时更新。

第四节　构建线上线下高校外语写作教学

在"互联网+"时代，大学外语写作的传统教学模式已经不能满足培养学生的需求了。针对当前现状，本节将线上线下教学模式应用于大学外语写作教学中，探索在该教学模式下的大学外语写作教学的具体实施，旨在激发学生的写作兴趣，提升学生写作主动性，提高学生外语写作自适应学习能力及外语写作成绩，尝试为大学外语写作教学提供一种更为有效的教学模式。

随着"互联网+"时代的到来，计算机网络技术对课堂教与学都产生了巨大影响。各种网络学习平台资源的逐渐丰富、教师与学生对互联网和数字技术的应用，使教与学的过程发生很大的变化，网络信息技术的发展为开展信息化教学提供了良好的大环境。翻转课堂、慕课、微课等一系列的新型教学模式已经被应用于教学中。在科技不断发展的今天，外语教师应该对大学外语写作教学模式进行调整，充分利用便利的网络资源开展线上教学、课堂深度教学及培养学生的线下自适用能力。本节对线上线下大学外语写作教学模式进行了研究，具有重要的意义。

一、外语写作课堂文化概念

英国马凌诺斯基指出:"课堂文化是在教学过程中,教师和学生自觉遵循和奉行的课堂精神、教学理念和行为。"刘耀明指出:"课堂文化是发生在教学过程中的规范、价值观和行为方式的整合体。"因此,按照这个思路笔者把外语写作课堂文化定义为在长期的教学过程中形成的教学行为和教学理念,也可以理解为外语写作教学模式。

二、大学外语写作教学现状

外语写作是大学生外语学习综合语言运用能力的重要体现,在外语学习和教学中占据着重要地位。然而,写作是大学外语教学中的薄弱环节,存在着许多问题。

第一,学生课堂上得到的信息量极其有限。受限于课堂时间,教师只能把教学精力更多地放到学生关注的、与考试相关的内容上,例如多数教师是有针对性地进行大学外语四级写作考试写作训练,给出写作应试模板,缺乏针对学生真正写作能力的培养。

第二,以教师为中心,忽视学生的主观能动性。在外语写作教学中,教师忽视写作的教学过程,只是对写作进行讲解,缺乏对学生写作过程的培养和训练等。

第三,受限于时间和空间,学生写作不能及时得到反馈。课后学生的写作练习通常无法获得修改意见,学生无法发现写作中存在的语法、拼写、词汇搭配等各种问题,严重影响了练习质量。

三、大学外语线上线下写作教学模式的优势

线上线下学习丰富了学习资源。线上线下相结合的大学外语写作教学模式,为教师提供了更多为学生传授知识的平台,也为学生提供了丰富的学习资源。

线上教学不再局限于课堂教学 90 分钟这个固定的时间,教师可以结合学生的具体情况,根据单元教学目标,将所要讲解的知识重难点浓缩为 10 分钟以内的微课,完成后采用在线发布微课、文字辅助材料等方式,也可以直接把线上丰富的教学资源分享给学生,使学生更加方便快捷地接触外语写作知识;学生还可以根据自身的具体情况,利用丰富的网络资源库进行自主学习,查漏补缺,查找自己需要的一些写作素材,例如外语词汇、短语、表达方式或实例范文。

体现教师为主导、学生为主体的教学原则。线上线下相结合的大学外语写作教学

模式，充分体现了教师在外语写作学习中的主导作用与学生的主体地位。

教师线上的微课、辅助文字和在线答疑等其他一系列的辅助信息教学，对学生都是指导性的教学。而学生才是真正学习的主体，学生可以根据自己的具体情况，自主选择学习时间、学习地点去学习相关的线上教学内容，并且还可以根据自己的学习要求进一步学习更高级别、其他相关的学习内容，真正培养了学生学习的主观能动性，即学生的自适应能力。

即时得到反馈。"互联网+"时代，出现了众多的外语写作即时评价平台，例如iwrite外语写作系统、批改网、句酷批改网、作业在线等。学生在学习线上自主学习教学资源后，可以利用这些在线学习平台随时进行写作训练，提交作文后便能得到即时反馈。这些批改网能够指出拼写、语法、搭配、文章结构等方面的错误。学生根据系统反馈，就可以直观、即时地认识到自己外语写作的缺点及不足，进一步有针对性地进行学习及强化训练。

学习及训练的反复性。线上学习具备传统课堂所不具备的优势，即学习的反复性。针对单个学生某一个没有掌握的知识点，学生可以随时随地反复地观看教师发布的线上课程讲解视频，并且可以利用线上教学平台反复修改完善作文，进行反复训练，这就充分发挥了线上线下外语教学模式个性化、立体化的优势。

四、构建线上线下大学外语写作教学模式

笔者通过自身实践教学，构建了线上线下大学外语写作教学模式，通过该模式，学生对外语写作充满兴趣，提高了外语写作的积极性。该线上线下大学外语写作教学模式分为线上教学、学生提交初稿、线上自主修改、课堂讨论和互评以及重写定稿五个步骤，具体如下：

线上教学。线上教学环节主要是教师根据教学目标及教学内容，录制微课、上传文字资料或者网上相关资源，通过线上分享，学生在相关资源的引导下，掌握相关语言知识和写作技能技巧等进行自主学习[11]。

提交初稿。学生根据知识掌握情况，要在规定时间内完成布置的写作任务，在规定的时间截止前在外语写作平台提交自己的初稿。

线上自主修改。待初稿提交后，学生利用外语写作平台提出修改意见，进行自我评价并进行反复修改，形成初步定稿，供课堂教学时展示交流。

---

11 张红. 浅谈外语教学中常见的修辞 [J]. 教师，2015（11）：47-48.

课堂讨论和互评。在课前学生线上自主学习任务及完成初稿的基础上，课堂上，教师主要是对学生课前作文完成任务情况进行公布，组织讨论及答疑。教师在上课前汇总并且选取有代表性的两三篇作文进行点评，指出写作过程中作文普遍存在的问题。针对这些问题组织学生进行组内讨论，让学生自己提出解决问题的方法。学生在组内分享自己的作文，让组内同学互相评价、修改完善，然后每小组选出最佳作品并且在课堂上展示这些作品。最后教师解答学生无法解答的问题，并且对每组代表作品给出评价，提出进一步修改意见。

重写定稿。课后学生根据课堂上的讨论及互评情况，参考老师上传的线上学习材料以及进一步地自我拓展学习，进行再次修改作文，完成最后重写及定稿。

五、线上线下大学外语写作教学模式的困难

更加完善外语写作教学平台。在"互联网+"时代，应该加强网络资源的整合管理，建立功能完善的"一站式"学习教学平台。笔者通过上课，发现很难把上课所需要的资源都整合到一个学习平台上，教师和学生都要注册若干个账号，才可以满足上课和学习的需要。例如发布微课或者相关学习资料，通常会使用微信群和微助教。但是都有各自的弊端，微信群即时，但是不具备储存资料的功能；微助教虽然能够储存所有资料供学生反复查阅，但是对于最新发布的信息，教师还是要通过微信群进行通知。学生在进行写作练习和提交时用的是 iwrite 写作系统，这个系统具有作文评价、纠错等一系列功能，但是却不具备上传资源的功能。

在大学外语写作教学时，教师上课要同时登录好几个教学平台才能达到一个理想的上课状态，身为教师迫切需要互联网尽可能地将资源归类整合，将外语写作资源整合到某一个教学平台，建立"一站式"教学及学习平台，优化上课及学习环境。

有利于线上线下大学外语教学模式中师生能力的提高。线上线下大学外语写作教学模式，不论是对大学外语教师的教学能力，还是对学生的学习能力，都提出了更高的要求。

作为大学外语教师，要做到与时俱进，不断提高自身教学水平。要不断学习新的教学理念和教学方法，了解计算机及网络发展动态，学习掌握微课制作能力，了解各种网络教学平台和网络资源，等等。

作为学生，面对全新的无线学习时代，要熟练掌握网络教学平台以及在线写作学习系统，适应这种新型学习模式，科学合理地利用网络资源。除此以外，学生还要学

会自我控制，避免借助网络资源的便利，大肆抄袭作文、应付完成作业这一现象出现。学生要提高自主学习能力，养成良好的学习习惯，更好地提高自身的外语写作能力和语言应用水平。

总而言之，在"互联网+"时代，网络的发展为外语写作教学提供了大量的学习资源和网络平台，线上线下大学外语写作教学模式避免了传统大学外语写作教学的弊端，提供了新的教学方法，开辟了新的教学模式，并且实现了以学生为中心、教师为主导的教学原则，提高了学生的自主学习能力。该模式为构建其他大学外语教学模式提供了参考，并且也对大学外语教师提出了要求。这就要求教师加强自身教学能力的培养，不断提高利用网络资源的能力。

第六章 网络环境下大学外语听说教学的基本理论研究

第一节 网络环境下大学外语听说教学模式与自主学习能力

教育部于 2004 年正式颁布《大学外语课程教学要求（试行）》，旨在"培养学生的外语综合应用能力，特别是听说能力，使他们在今后的工作和社会交往中能用外语有效地进行口头和书面的信息交流，同时增强其自主学习能力，提高综合文化素养"。新四、六级考试中听力理解部分所占比例由原来的 20% 提高到 35%。但由于大学外语教学课时有限，无法大幅度提高学生外语听说水平。传统听说教学模式面临挑战。随着网络技术的迅速发展，外语教学不再受时间和地点限制，鼓励学生学习个性化，倡导自主式学习。基于网络环境的视听说个性化教学模式结合传统教学和学习自主学习方式适用于部分一般院校，这些院校的学生外语水平较为薄弱，教学设备相对不发达，学习资源也较为缺乏。该模式主要依赖计算机技术进行教学，是一种强调以学生为中心、教师加以引导的自主学习模式。

一、研究对象及过程

课题组在我校 2013 级非外语专业新生（中文系）选择两个班设置为实验班和对照班，实验持续时间为两个学期。实验班每隔一周采用网络视听说自主学习，学习 2 课时，兼有教师正常授课；对照班采用传统教学模式，每周听说 2 课时、读写课教师讲授 2 课时。通过对比两种不同教学模式的教学效果，得出网络环境下的视听说自主学习对外语综合能力的提高是否存在影响。参与实验的两个班级采用相同的教学大纲，相同的教材、教案和作业，学期总学时和教学进度保持一致。教师集体审阅笔试试卷。学生利用计算机完成口试，录音音频由两位教师分别评分。研究方法主要为对比法和问卷调查法，兼有访谈调查。对比法：实验班学生及对照班学生学习一学年后进行外语能力综合测试，对其外语成绩加以分析。自编问卷内容为：①学生如何看待教师教学设计及教学模式；②学生采用何种教学策略；③学生如何看待教学评估方法。

二、研究结果及分析

（1）实验结果。一学年后实验结束，对学生进行综合测试，试卷题型包括听力、阅读、写作、词汇语法基础、段落匹配题、写作等。将实验班和对照班学生考试成绩进行对比，结果如下：听力部分：对照班平均分数为136.85分，实验班为143.03分，实验班高出对照班6.18分；综合部分：对照班平均分数为41.30分，实验班为42.54分，实验班高出对照班1.24分；阅读部分：对照班平均分数为144.47分，实验班为146.99分，实验班高出对照班2.52分；写作部分：对照班平均分数为83.249分，实验班为82.872分，实验班较对照班平均分低了0.377分。结果表明，经过一年的学习，实验班在听力、阅读、综合方面成绩等都高于对照班，但写作能力低于对照班，这说明实验班同学听说能力有所增强，但写作能力并没有得到较大提高。

（2）问卷调查结果。实验开展一年后，课题组设计调查问卷，针对部分操作性的问题分发161份问卷，旨在全面评定该教学模式。有效问卷为157份，有效率为97%。问卷调查主要针对学生对网络环境下教学模式是否满意及满意程度、对自身自主学习能力及成绩测评如何以及对教学测评模式评价。问卷结果采用SPSS统计软件进行分析。

1）学生对教学模式及教学设备的满意程度。调查显示，对于网络环境下的教学革新模式，大部分学生感到满意，但他们认为学习设备和环境有待提高，对此不是非常满意。通过分析不同成绩段的学生对于教学模式和学习设备满意度发现：各成绩段的学生对于教师教学模式、上课使用软件系统、教学设备和教学环境的满意度无显著性差异（P值都大于0.05）；对教材的满意度存在显著性差异（T=2.762，P=0.044），因此得出结论，即不同成绩段学生对于学习教材的需求存在很大区别。

2）自主学习能力测评。通过对考试中不同分数段的学生学习策略的使用情况进行方差分析，得出其T=4.149、P=0.007，有显著性差异，得出学习成绩与学习策略成正比，即分数差异越大，学习策略使用的差也越大，因此学生的学习策略能够判定学生的自主学习能力。

3）教学评估测评。传统教学模式考评学生成绩时，期末考试成绩占70%，平时20%、口语10%，而网络环境下的听说教学模式考评将形成性评估与一次性评估相结合，即期末考试成绩占总成绩的50%，形成性评估占40%（包括平时作业10%，课堂测试10%和自主学习情况20%），口语占10%。调查显示，161名学生当中只有23名学生（14.3%）认为该测评体系合理，比选择用计算机来阶段性测评学生成绩人数仅仅多11名，但少于偏向于传统教学测评方式的学生（有26名学生选择传统评测方式），而108名学生（67%）认为教师应该建立学生档案，观察学生平时学习任务完成情况，并结合学生自我评价、学生相互评价及师生相互评价评定总成绩，这种方式和《大学外语课程教学要求（试行）》中提出的评价体系一致，即教学过程应以形成性评估为主，建立形成性评估和终结性评估相结合的模式。

三、结论及建议

（1）网络环境下的听说教学模式强调对网络和多媒体资源的使用，能够在极大程度上增强学生的综合外语应用能力，尤其是听说能力，使学生逐渐摆脱无法开口的尴尬，更好地适应全国大学外语考试从纸考到机考的变革。该模式也存在一些弊端。教师在教学中更多注重学生听说能力的训练，忽视了学生语言基本功，导致学生平时在听说训练上花时间较多，而写作能力的训练欠缺。因此，教师应强调外语是一个综合性学科，听说读写译应齐头并进，指导学生在课堂内外结合朗读和背诵范文及听说读写的方式促进个人外语能力的全面发展。

（2）学生自主学习能力受其学习策略使用能力影响。从问卷中可以看出，在网络环境下的听说教学模式下，成绩优势学生使用学习策略频率明显高于成绩弱势学生的学习策略使用频率，这说明学生对于学习策略的使用越多，其自主学习能力就越强，而学习策略是否有效运用将会影响学生自主学习的效率。教师应该重视监控学生的学习策略的使用情况，从而对学生的自主学习能力进行有效评定。此外，教师应注意加强学生对于学习策略的学习和运用，提高学生自主学习能力。

（3）形成性评估是对学生综合测评，尤其是学生听说能力测试的合理工具。形成性评价有利于教师随时监控学生表现，根据其学习情况加以指导，便于教师因材施教，根据学生学情制订适合大多数学生的教学计划和设计教学方案，这种评价方式也有利于学生制订学习计划，安排学习进度，自我掌控学习内容。因此，教师应该从教学之初了解学生，按照不同班级设立学生的个人档案，平时教学中注意细致记录学生的课堂表现、平时测验的测试成绩、平时作业的完成情况、学生自主学习任务的完成情况、学生的自我反馈、学生相互评价以及阶段性评价，使之成为学生最终成绩评定的主要依据，以期对学生成绩做出最合理的评价。问卷调查显示，尽管该教学模式有很多优势，但不是对所有学生都适用，尤其是对一些外语基础薄弱、相对缺乏学习自觉性、相对缺乏自主学习能力且主观能动性较差的学生，这种学习模式是非常不适合的。因此，教师应注意及时了解学生学习进展，引导学生解决学习上遇到的难题，定期检验学生知识掌握情况，使学生养成自主学习的习惯，同时，重视灌输有效学习策略的方法和使用，培养并提高学生自主学习能力。

第二节 网络信息技术背景下大学外语听说课生态化教学

随着我国对外交流的不断深化，培养高素质的外语人才已上升到国家发展规划的高度，《国家中长期教育改革与发展规划纲要（2010—2020）》明确提出，"适应国家经济社会对外开放的要求，培养大批具有国际视野、通晓国际规则、能够参与国际事务和国际竞争的国际化人才。"教育部《大学外语课程要求（试行）》（2007）强调大学外语教学的核心目标是"培养学生的外语综合应用能力"，因此，外语课堂更加重视学生的实际听说交流能力。但是，传统封闭的听说课堂不能给学生提供开放自由的交流平台，刻板枯燥的听说材料也脱离语言实际。在外语教学改革过程中，网络信息技术给大学外语听说课带来了新的契机。互联网将传统的听说课置于更为真实的教学环境中，使学生和教师在新的物理环境、语言环境和心理环境中进行教学活动。从生态化教学角度来说，这些物理环境、语言环境、心理环境都是教学的生态环境。

一、生态化教学的基本概念

（一）生态系统与教学生态系统

1935年，英国植物群落学家Tansley A.G.提出了"生态系统"的概念，其是指生物群落连同其所在的地理环境所构成的能量、物质的转化和循环系统，由无机环境、生物的生产者（绿色植物）、消费者（动物）、有机物分解者（微生物）等四个基本部分组成。1976年，Lawrence Cremin在《公共教育》一书中提出了"教育生态学"这一概念。对教学来说，学生和教师两大教学主体（在生态领域称为"种群"）及其所处的教学环境组成"教学生态系统",两大种群通过相互影响、相互作用和信息传递,实现了生态系统内部的能量转化,最终形成了不断发展变化的统一生态整体。

(二)生态环境与教学生态环境

"生态环境"是指影响生物生存和发展的一切条件的总和。对外语教学来说,"教学生态环境"是教学主体存在的环境,它包括自然物理环境、社会文化环境、教学资源环境、语言环境和心理环境,这些环境都是影响教学质量的因素。因此,在构建生态化教学模式的过程中,只有充分考虑这些环境才能符合教学的生态发展规律,使学生在和谐自然的环境中实现学习的延续。

(三)生态位与教学生态位

"生态位"是指某一物种在生态环境中的功能地位。每个物种都有自己的生态位,生态位会随着环境等因素发生变化,一旦形成后,生态位就会趋于相对稳定,保证整体的生态平衡。在教学中,每个学生和教师也有自己的生态位,学生之间的合作竞争、师生之间的能量信息传递、师生与环境之间的适应程度都会不断改变生态位,但为了保证有效的学习发展,良好的生态位能够促进教学质量提升,因此,教师不应逾越自身的生态位,对学生的生态位造成混乱,同时,学生之间也应该形成彼此促进的生态位关系。

二、大学外语听说课信息化网络生态环境——网络教学平台

大学外语听说课不同于其他外语课程,如何为学生创建真实的语言环境并提供更多的交流机会是课堂关注的重点。网络信息技术支持下的教学平台作为全新的教学手段进入大学外语听说课,将零散的、无组织的语言材料和听说活动整合起来,通过系统的、友好开放的模式形成不同于传统听说课的生态环境。教师可以在技术指导下建设小型的网络教学平台,也可以采用较为成熟的、正式发行的网络教学平台,如近年来国内各高校引进的"朗文交互外语"教学平台(简称 LEI)。这些网络平台为听说课提供了丰富的教学资源、真实的语言环境、互动的交流平台、全面的学习跟踪和多样的考核模式。以 LEI 为例,每个单元的听说材料都是由真实演员录制的有故事情节的视频,这些语言知识和听说技能在单元中循环交叉,学生通过平台完成多个听说任务,如视频对话练习、角色扮演、语音模仿等。同时,强大的后台跟踪功能详细记录学生的自主学习过程,使教师在课堂教学的基础上,能够全面了解学生课后的学习情况。

从生态化教学角度来看,网络教学平台不仅强调了听说课自然、真实、丰富、开

放的生态环境，还将学生群体的生态位置于生态系统的中心，在教师的引导下，学生主动习得知识技能。

三、以网络教学平台为生态环境，大学外语听说课生态化教学存在的问题

（一）生态环境变化与教学失调

以信息技术为依托的网络教学平台进入大学外语听说课后，改变了原有的教学生态环境，这在某种程度上会使学生产生不适应的问题，从而导致教学效果受到影响，这种情况就是由生态环境变化引起的教学失调现象。在网络教学平台中，学生不再是听说课的被动接受者，而是作为真正的教学主体主动地与真实的语言环境建立关系，并积极参与语言交流活动。但是，已经习惯传统教学模式的学生往往会对网络操作和独立听说训练产生排斥，因此，在教学实践之初，往往会出现教学质量下降的情况。

（二）花盆效应

"花盆效应"是生态学上的一个概念，是指在人为提供的适宜条件下花可以长得很好，但是，一旦脱离人的照顾花就会枯萎。在听说课教学生态系统中，学生在教师的指导下可以顺利完成各类听说任务，但是，一旦没有教师的控制，学生就可能会出现学习懈怠的现象。网络教学平台更强调学生的自主训练，如果没有教师详细地指导和跟踪，部分学生的学习就会出现进度缓慢，甚至会脱离教学平台而关注与听说活动无关的其他网络信息的现象。

四、以网络教学平台为生态环境，大学外语听说课的教学建议

（一）关注听说课教学主体的"生命性"，鼓励"自组织"

"生命性"和"自组织"是生态化教学的根本特征。在外语听说教学中，"生命性"即尊重学生的个性和听说能力差异，强调个性化的教学模式。由于学生主体有"自组织"的特点，一切外在的强迫和压力都不能从根本上实现学生听说技能的提升。因此，大学外语听说课应遵循人本主义教学观，充分重视"以学生为中心"，在网络教学平台的生态环境中，鼓励学生根据个人的学习特点和听说水平亲身体验听说交流实践，并自主调整学习进度和内容，在可控范围内给予学生最大的学习空间和自由，通过"自组织"

实现学生主动建构知识。例如，在 LEI 网络教学平台中，学生可以根据个人喜好扮演视频中的角色并与其他演员模拟对话。

（二）重视听说课网络生态环境的"开放性"

生态系统是一个开放的系统，为保持系统的稳定，需要不断地从外界输入能量和内部能量进行转换，从而保证生态系统的能量流动和物质循环。大学外语听说课的生态系统应呈开放性，换句话说，教学环节和听说任务要清晰，教学内容要易懂，教师和学生两大教学主体要有效沟通合作。由于听说课以语言实际交流为课程核心，因此，从能量输入和转化的角度来看，网络教学平台的听说材料需要具有实际交流意义且不断更新。除常规的教学内容外，平台团队和任课教师需要根据教学内容、真实世界的语言发展和事实信息增删相关材料，使大学外语听说课处于开放的、可持续性发展的生态环境中。

（三）重视对学生主体的教学指导和学习跟踪，注重自主学习能力培养

为防止失调现象的出现，教师应该在教学前对学生进行充分的学习指导和心理辅导。尤其在大学外语听说课上，学生的听说练习主要是通过网络完成的，因此，如何让学生适应网络教学环境、熟练网络技术是教师在做教学计划时需要考虑的内容。例如，LEI 网络教学平台设计了语音模仿和模拟对话的功能，教师对此功能进行示范操作，并加强个别指导，使所有学生都能自如地进行网络操作。同时，在平时的教学中，教师要鼓励并指导学生独立筛选，自主完成听说任务，在网络后台的跟踪下，让学生自由学习，使学生逐渐适应网络信息技术带来的自主学习模式，尽量规避"花盆效应"。

（四）关注听说课生态教学中的关键因子——教师

在听说课网络教学过程中，教师是保证教学质量、调控教学进程的关键因子。因此，教师应充分了解网络教学环境，配合网络平台设置听说任务，如复述视频故事、配音、角色扮演、小组对话等。除此之外，教师还应寻求自我发展，不断提高教学素养，使自己跟上不断变化的教学形式和前沿技术，从自身做起，保证实际教学顺利进行。

网络生态化教学为外语学习提供了新的实践与研究方向，教师在教学实践过程中需要不断总结、反馈和完善，使学生摆脱传统枯燥的教学模式，在开放、自由、丰富而又有趣的网络生态环境中自主构建语言知识，不断提高综合应用外语的能力。

第三节　网络资源对大学外语听说读写教学的提升作用

大学外语是学生大学期间的必修课程，对学生来说非常重要。教师应该着重锻炼学生的听、说、读、写、译等能力，这些能力的锻炼对学生来讲都非常关键，听、说、读、写是大学外语教学中的教学难点。在教学过程中，教师应该借助多媒体来进行教学，通过网络资源来减少教学的难度，并且把抽象的知识点形象化，帮助学生提高外语口语表达能力与外语写作能力。

一、我国高校大学外语教学的现状

（一）教师未能将大学外语中的听、说、读、写巧妙结合起来教学

听、说、读、写技能是相互联系、相互促进的。读是写的基础，要想提高写作方面的能力，首先教师应该将学生的阅读能力有效地提高。大学外语是多数学生学习的困难科目，在教学方面，教师应该将大学外语的听、说、读、写技能的培养结合起来，有效促进学生各种能力的提高。由于部分教师在大学外语教学方面的经验不足，没能将这几种技能巧妙地结合起来进行教学，造成学生知识点脱节的现象。从大学外语的课堂教学来讲，教师提高了学生的口语表达能力，却没有有效地提高学生的写作能力，这样的教学方式，不利于学生五种技能全面发展。

（二）大学外语课堂缺少师生互动，课堂气氛不活跃

学习大学外语课程，学生一定要多说、多读、多写。只有这样，学生的外语口语表达能力、阅读能力才会得到提高，当学生的外语口语能力得到了提高，学生在写作方面才不至于无从下笔，写作能力才会得到提高。目前不少高校的大学外语教学方面，尤其是大学外语读写教学方面，教学现状不容乐观。大学外语课堂教学中，教师缺乏提问，从而导致学生缺少发言的机会，口语表达能力得不到有效的提升，课堂上缺乏互动，氛围不够活跃，不利于学生进行思考，学生的学习效率也得不到显著提高。在课堂上缺少读外语的机会，在课后，学生也没有主动阅读外语的习惯，使学生的外语表达能力受到限制；此外，部分学生课后主动阅读缺少指导，遇到一些长单词可能会发音不准，对单词的理解也有些模糊，导致学生在写作的过程中，容易用错词，学生

在考试时，写作文方面也存在困难，容易出现一些语法和语句上的错误，进而影响学生大学外语的总成绩。

（三）在教学过程中，教师教学的形式太过单一

现在，有不少高校的大学外语教师都采用传统的教学方法，教学形式单一。大学外语与初中、高中的外语教学不同，面临的群体是大学生，应变换教学模式。大学外语教学方面，可借助多媒体等先进的资源来进行教学，通过多媒体设备，让外语知识点更加形象与具体，有利于拉近学生与大学外语课堂之间的距离，促进外语读写能力的发挥，提高读写能力，提高总体外语成绩。

二、网络资源对大学外语读写教学的提升作用

（一）利用网络资源教学大学外语课程，能快速提高学生的外语写作能力

大学外语的学习过程中，学生需要掌握的能力有很多，其中外语写作能力是教学的难点。要想提高学生的外语写作能力，首先学生日常学习中要注重词汇的积累，看到比较好的外语句子要摘抄下来，在写作的时候可以运用到自己的作文中去。大学外语课堂教学中，教师对学生外语写作能力的教学方面，可以通过对学生短期的训练，帮助学生奠定写作的基础；也可以是教师借助多媒体教学设备，将一些有助于学生作文写作的素材，在大屏幕上给学生展示出来，让学生有更直观的感受，教师还可以将一些带有英文字幕的图片，或者是英文动画片播放给学生观看，通过这样的方式，将学生的写作灵感与写作兴趣激发出来，让学生主动去写作。当学生完全理解了课堂上的知识以后，教师可以自行命题给学生布置一个小作文，让学生通过小作文在课堂上练练笔，然后让学生之间交换作文练习，相互批改，通过这样的方式，不仅能够提高学生的写作能力，还能帮助学生奠定坚实的写作基础，使学生的大学外语写作水平得到提升。丰富的网络资源能够吸引学生的兴趣，学生有了写作的兴趣，便会主动去写作，能快速提高学生的写作能力。

（二）利用网络资源教学大学外语课程有效提高学生口语表达能力

如今是互联网的时代，网络资源非常丰富，大学外语读写教学方面，教师可以利用网络资源来进行教学，有效地帮助学生提高外语口语表达能力。大学外语读写教学过程中，教师可以通过多媒体为学生播放一些英文电影，让学生观看。电影中人物的对话，有助于学生外语口语能力的提高，电影中特定的人物角色和语境，能够吸引学

生主动去模仿电影中任务的对话，从而使外语口语能力得到提高；除此之外，教师还可以通过多媒体为学生播放一些英文歌曲，让学生聆听优美的旋律能够吸引学生主动学唱，学生学唱英文歌曲之前，教师应该要求学生先抄歌词，当学生抄写完歌词之后，教师对学生抄写的歌词加以解释，然后让学生将中英文歌词进行对照，教师对一些生僻词加以解释，帮助学生理解，这样能够帮助学生积累英文写作词汇，抄写英文歌词也是为学生的英文写作打基础。学生学唱英文歌，是提高学生外语口语表达能力的最好方式，网上有很多学习外语方面的资料，音频视频非常多，这些都可以运用到实际的外语教学中，让学生学习到更多新的知识，让学生充分感受到多媒体教学下网络资源给外语学习带来的愉快体验。教师应该多利用这样的方式进行教学，同时，教师还应该要求学生多通过学唱英文歌、朗诵英文诗歌，以及英文顺口溜等方式，来促进学生英文口语表达能力的提高，在实际的大学外语读写教学课堂中，教师也可以通过这些方式来教学，加强学生的外语口语能力，从而提高学生的外语口头表达能力。

（三）利用网络资源教学大学外语课程，以促进学生听力和阅读能力的全面提高

读写教学是大学外语教学中的重点教学内容，读和写是大学外语课程的学习中学生必须要掌握的两种能力，在实际的教学过程中，教师应该多注重学生读写能力的提高，只有这样，学生的大学外语成绩才会得到整体的提高。大学外语课程中涉及的很多知识都与学生的学习、生活和以后的工作有很大的联系，在教学过程中，教师应该通过网络资源来进行教学，教师将大学外语课程做成电子课件，在课堂上把相关的课件播放给学生，让学生跟着多媒体设备学习大学外语课程，比如让学生跟着电子课件的指导去发音、读单词、读句子等，这样能帮助学生及时纠正阅读过程中出现的发音和语法的错误，从而促进学生阅读能力的提高；在训练学生口语能力的同时，教师还应该注重对学生的听力进行训练。教师可以在网上下载一些音频资料，在课堂上播放给学生听，学生在听的时候，也可以跟着读，这样有助于锻炼学生的语感，让学生提高发音标准。教师利用网络资源，通过多媒体教学设备来教学大学外语课程，能够有效地促进学生听力、阅读两方面能力的全面提高。

总而言之，大学外语课程是学生的必修课程，学生学习外语，对学生日后的学习和生活有着非常重要的作用，学生务必要学好大学外语课程。学生要想学好大学外语课程，最关键的是要注重听、说、读、写能力的提高，从而才能提高学生的大学外语成绩。大学外语读写教学的过程中，教师应该多借助多媒体教学设备，运用多种教学模式，采取不同的教学方法对其进行教学，充分利用丰富的网络资源，来提高学生的外语读写能力。在实际的教学中，教师还应该不断地钻研、探索，为学生的发展着想。教师应该通过实际的教学来积累教学经验，不断反思，使教学方法更加完善、教学经验更加丰富，同时为高校的大学外语读写教学做出贡献。

第七章　网络环境下大学外语听说教学转型新路径

第一节　网络教学环境下大学外语视听说课程设计

随着大学外语改革的不断深入，我国大学外语教学也正在经历一个教学理念不断更新、教学方法和手段不断完善、教学条件和环境不断优化的过程。2004年教育部正式印发的《大学外语课程教学要求》，将大学外语的教学目标确定为培养学生外语综合应用能力，特别是听说能力，使他们在今后工作和社会交往中能用外语有效地进行口头和书面的交流，同时增强其自主学习能力，提高综合文化素养，以适应我国社会发展和国际交流的需要。课程设计指根据不同的教学对象，对教与学的活动进行不同层次、不同范围、不同环境、不同形式的设计，是运用不同的学科理论或原则解决外语教和学等问题的过程，是定标和达标的科学性与艺术性结合的表现。本研究的目的是以网络技术为支撑，使外语教学不受时间地点的限制，朝着个性化学习、自主式学习方向发展；根据吉林农业大学自身的条件和学生情况，研究并探讨适合本校情况的基于单机/局域网的多媒体和课堂教学中视听说教学的课程设计，保证学生有效地学习。

一、大学外语视听说课程教学设计的要求

大学外语视听说（网络教学）课程是一门以学生自主学习和协作学习为主体的综合性学习课程，其主要目的是培养学生综合语言运用能力，并使学生在运用知识的过程中培养从事不同文化交流与合作的能力、交际能力、协作能力、适应工作的能力、独立提出建议和讨论问题的能力、组织能力、为人处世的能力、灵活应变的能力等等。因此，现代教育技术的优势为本课程的顺利开展提供了坚强的保障，学生在网络上进行自我监控、测试、检查，判断、检测其自身学习行为和效果。

大学外语视听说课程教学设计，首先必须遵循《大学外语课程教学要求》，符合语言教学规律，符合学生和社会对外语学习的需要。大学外语视听说课程的教学设计强调在教师指导下的有效语言结构的同时，进行语言表达能力的培养。《大学外语课程教学要求》明确提出，大学外语教学目标是培养学生的外语综合应用能力，视听说一体的教学模式可以帮助学生能听懂、能表达，符合《大学外语课程教学要求》的教学指导思想。其次，外语教学不仅是单向的语言输入，更为重要的是利用有效的语言材料构建语言体系、培养语感，目的是促进顺畅的语言表达。大学外语视听说课程的教学是教师有针对性地讲解和引导学生构建语言体系相结合的教学模式，符合外语教学规律。最后，大学外语视听说课程的教学设计要有利于调动学生学习的能动性，学会从真实的语言材料中获取有用的信息、锻炼自主学习的能力，在以后的学习交往中不断地提高外语水平，同时增强其自主学习能力。

我校大学外语教学自 2004 年开始采用课堂教学和基于计算机自主学习系统相结合的教学模式。新的教学模式的特点之一就是学习者自主。元认知理论和建构主义学习理论认为外语学习是学习者主动获得外语知识、形成外语技能的过程，学生的自主学习依赖于学生的自我学习意识、学习动机、学习策略等学习者因素，强调学生是认知的主体。因而网络教学环境下大学外语视听说教学模式要求教师着重培养学生的主动性和积极性，提高学生的自主学习能力。

二、大学外语视听说教学现况的调查及结果分析

（一）两个问卷调查

1. 针对学生的问卷调查一

300 名大学生接受了这次问卷调查。问卷包括三个部分。第一部分调查学生学外语的心理因素；第二部分针对教学方面的（从学习者角度看）问题；第三部分是有关学生学外语的情况。

2. 针对教师的问卷调查二

53 名大学外语教师接受了这次问卷调查。问卷包括两部分。第一部分是有关当今教育体制的问题；第二部分收集有关当前大学外语视听说教学的情况。

（二）结果分析

1. 大学生学习外语的情况

从对学生的问卷调查中可以看出，58% 的学生有一定的学习外语兴趣，少部分

学生（19.3%）不感兴趣。但是，由于他们的目标不明确（48%的学生学外语主要是出于必修课的原因）、语言实际应用能力差（85.7%的教师这么认为）和较高的焦虑感（66.7%的学生参与课堂活动时感到紧张），结果造成了学生参与活动的积极性不高（69.3%的学生不自愿，78.6%的教师认为大多数学生积极性不高）和自主学习能力不强的结果（46%和48.7%的学生分别只是偶尔练听力和会话，71.3%的学生没有明确的学习计划，73.3%的学生没有明确的实施计划的策略）。

2. 大学外语视听说目前的教学状况

将视、听、说三种学习活动有机地结合起来，以听、视（看）原版影片及访谈类材料为手段，以发展口语能力为目的。听、看是外语学习的一种"输入"，输入的是一种原汁原味、生动活泼、听觉神经和视觉神经相结合的外语；说是一种模仿性的语言输出，输出经过学生模仿、学习、加工后的结果。先视听，后模仿角色对话，最后对所学内容进行评价，形成一套行之有效的教学方法。

调查结果表明，57.1%的教师外语课堂上主要采用交际教学法；78.6%的教师通过课上各种活动培养学生的口语能力；69.3%和42%的学生认为"说"和"听"的重要性为最重要和较重要；87.3%（30%+57.3%）的学生认为课堂教学重视口语教学。

三、网络教学环境下大学外语视听说教学课程设计的可行性

（一）自主学习能力培养的必要性

1. 培养自主学习的能力是《课程要求》的目标

培养自主学习的能力是《课程要求》的目标，自主学习能力的培养是计算机学习系统有效利用的保证。当今学生不只是通过有限的课堂教学获取知识和培养能力，课下还要在自主学习系统教室自主学习外语。学生根据自己听力测试情况，选择听的级别，自己决定听和说的遍数，解决自己的问题，实现个性化学习。这种学习成功的保障完全取决于学生的自主学习能力。自主学习能力的培养是语言教与学的目标。自主学习是学生各项能力发展的保证。随着教学改革的深入，外语测试（四、六级考试和学期期末考试）不再只是对外语知识记忆的考查，而更多的是对运用能力的检测，包括策略运用的考查，如口语的交际策略和情感策略、大意预测听力等。

基于WebQuest的网络课程能突出体现学习者学习的自主性，满足学习者自主学习的需要，充分发挥学习者自主探究资源的能力，满足学习者对学习内容的自我选择、甄别和管理。外语语言文化知识所设计的内容广泛，学习者本身对语言知识的需求千

差万别，而教师的课堂教学仅仅是大学外语教学设计环节的引导，要借助"多媒体"（multimedia）来进行"多元文化"（multicultural）教学，以更"贴近学生生活"（relevan to students' lives）和"贴近职业市场"（career-oriented）。这一过程的实现无疑需要学生在文化情景下进行自主探究和合作探讨，以满足个人对知识的需求。

要适应社会发展和国际交流的需要，人们必须终身学习，不断自我发展与提高。对许多学生来说，离开学校、走上社会并不意味着学习外语的结束，而是更深层次的自主学习的开始。

2. 自主学习能力的培养是计算机学习系统有效利用的保证

当今学生不只是通过有限的课堂教学获取知识和培养能力。课下还要在自主学习系统教室自主学习外语。学生根据自己听力测试的情况，自由选择听的级别，自己决定听和说的遍数，解决自己的问题，实现个性化学习。这种学习成功的保证完全取决于学生的自主学习的能力。

3. 自主学习能力的培养是语言教与学的目标

语言学习是一个积极的动态过程，是学习者综合运用各种策略模式对信息进行加工、对学习过程自我监控，从而达到自然运用语言的过程。

4. 自主学习是学生各项能力发展的保证

随着教学改革的深入，外语测试（四、六级考试和学期期末考试）不再只是对外语知识记忆的考查，更多的是对运用能力的检测，包括策略运用的考查，如口语的交际策略和情感策略、大意预测听力等。

5. 自主学习能力的培养是提高课堂教学效率的需要

在有限的课堂教学过程中，首先让学生明确教学目的和内容，认真听课，充分调动学生的主观能动性、积极配合老师参与各种活动、取得最大的成果。其次，（由于课堂时间有限，大量时间在课外）课外正确引导：有规律地复习—预习—练习相结合。课内外相结合是提高教学效率的保证。

（二）课堂教学应重视学生的需求

以学生为中心的课堂教学应体现学生的需要。课堂教学不仅要考虑他们将来工作对外语的需求，还要考虑到他们日常学习过程中的需求。日常学习过程中的需求不仅包括语言学习本身的因素，如日常的学习负担、循序渐进、复习巩固等，还包括学生的智力和情感的需求。

（三）积极探索视听说教学新模式，帮助学生建立信心，激发学生兴趣

2004年以来，我校大学外语教学实施了基于计算机和课堂教学的大学外语新模式。教学采用课堂教学＋计算机学习辅助系统＋教师辅导形式。课堂教学教师设计有利于个性化自主学习的教学活动，营造和谐的课堂气氛，帮助学生建立信心，激发学生的学习兴趣。"听说"教学采用多媒体网络教学模式。在教学过程中，教师要注意激发学生的学习热情，完善教学中意义建构的指导作用，教师学习情境的创设和过程，使网络课堂不仅实现人机对话，更重要的是进行人际交流。建构主义认为，在学习者对知识意义的自主建构过程中，意义建构是学习的目的，它要靠学习者自觉、主动去完成，教师和外界环境的作用都是为了帮助和促进学习者的意义建构。计算机和网络作为一种外在的媒介是实现学习者意义建构的一种有效途径，它必须以实际有效的资源内容为核心来促进构建过程的实现。

（四）重新认识了教师在视听说教学中的作用

以学生为主体的网络环境下学生的自主学习并不意味着教师职责的削弱，反而对教师提出了更高的要求，要求其承担更多的角色。事实上，"教师在促进学习者自我实现并定期向学习者提供帮助方面起着至关重要的作用"（Benson&Voller，1997）。

（五）建立视听说教学质量评估体系

建立教学评估体系——由过程性评估和终结性评估两部分组成。过程性评估由教师评价和学生自主评价构成。学生自我评价包括网上学习过程记录、单元成绩、阶段性测试成绩等。教师每节课记录学生的表现情况，每月检查一次学生的课堂笔记、课外写作等，并记录成绩。教师通过课外活动的记录、网上自学记录、学习档案记录、作业提交情况、访谈和座谈等形式对学生学习态度、学习方法、学习过程和学习效果进行观察、评估和监督。终结性评估由期末考试和平时成绩按比例构成。

实际上，外语课程设计是一个理论与实践相结合的复杂工作，它不仅需要以理论为基础，更需要实践去检验，是一个不断更新和完善的动态过程。只要我们在今后的外语教学中勇于创新、不断进取，外语教学就一定能跃上一个新台阶。

第二节　多媒体网络环境下的大学外语视听说主题式教学

视听说外语教学主要通过视频和音频材料，借助真实的语言情景来进行。自20世

纪中叶起，在西方国家就产生了运用听和说进行语言教学的方法，比如，听说法（The Audio-Lingual Method）、情景法（The situational Approach）、交际法（Communicative App roach）等等。这些教学方法都曾对我国的外语教学产生过很大的影响。不过由于中国的教学一向是以考试为导向的，课堂上教师往往花大量的时间训练学生的听力技能技巧以帮助学生通过考试获得高分，而非真正意义上的视、听、说综合能力训练。

随着多媒体和网络技术的发展，网络多媒体技术融入外语视听教学也成为趋势。2008年7月，教育部高等教育司张尧学司长提出了新一轮大学外语教学改革的目标：以提高大学生的外语听说能力为主，以此带动外语综合能力提高。由于网络多媒体技术能够创设教学内容所需要的特定的语言情景，具有进行人机交流和加强师生之间和学生之间的交互协作的功能，因此在网络多媒体环境下开展外语视听说教学有利于学生视听说能力的综合训练，有助于提高学生对输入语言材料的理解和以口语交际能力为主的综合语言输出能力。

一、语言输入假设和输出假设理论

美国语言学家Krashen在20世纪80年代初提出了语言输入假设理论（Input Hypothesis），Krashen认为，只有当习得者接触到"可理解的语言输入"（comprehensive input）略高于其现有语言技能水平的第二语言输入，才能产生习得。如果习得者现有水平为"i"，能促进他语言习得的就是"i+1"的输入。Krashen的"i+1"理论集中体现了循序渐进观，强调学习的步骤、方法和学习的过程，强调在"过程"中获得"结果"，让学习者获得大量的可理解性语言输入，变输入为吸收，习得语言知识，增强语言能力。

Swain提出了"输出假设"，指出仅仅靠可理解输入还不能使二语习得者熟练地使用语言，成功的二语习得者既需要大量的可理解输入，又需要可理解输出。Swain指出，在某种程度上输出可以促进二语的习得，其方式不同于输入，但可以增强输入对二语习得的作用。

Krashen的理论和Swain的理论是相辅相成的。大量可理解的语言输入才能保证成功的语言输出，语言输出又可以促进语言输入的增加，从而使学习者语言水平得到提高。教师要充分考虑到学生的知识结构和现有水平，在其可理解范围内保证给学生提供足够的语言输入。这样，学生可以有效地接触大量的可理解性语言输入，从而提高语言习得效率。

二、利用多媒体网络环境进行主题式教学

外语主题教学模式是在现代教育思想指导下，以反映社会生活各方面主题为学习内容，把主题分化为不同的话题，通过引导学生参与这些话题逐步学习掌握语言知识，了解隐含的文化信息，达到提高学生的跨文化语言交际能力的目的。

如今多媒体网络技术被广泛用于教学中，教师可以借助网络多媒体资源的共享特性，根据不同的课堂主题，搜集整理与之相关的资料，提供较真实的语言材料，丰富语言输入，激发学生的兴趣，让学生在轻松、合作、友好的课堂环境中利用多种资源和信息，主动学习语言知识，并利用网络自主学习平台拓展学习内容和空间，通过听觉和视觉大量感知语言材料，结合各种听说活动加强语言输出，增强学生的外语交际能力。

作者在大学外语视听说授课中，摒弃了以考试为导向的公共外语听说课的授课模式，发挥多媒体网络技术的资源优势，进行主题式教学的方法，具体做法如下：

（一）确定主题

主题内容不拘泥于固定的教材，而是根据学生的学习兴趣确定课堂主题，围绕这些主题展开各种语言视听说活动。笔者在授课中一般先提供一些经济、教育、职业、健康、住房医疗保障、体育、旅游、环境保护、爱情等方面的主题，由学生挑选，然后根据授课时间和教学条件适当增减。这样能保证选取的主题现实性强，符合学生的兴趣，从而能调动学生学习的积极性。

（二）以主题为指导的语言输入输出

主题式教学的本质特征是围绕主题进行训练，以培养学生的综合能力。在笔者看来，一堂成功的外语视听说课需要完成三个步骤。

首先，课前准备。课前准备的目的主要是保证学生有足够的语言输入，以利于课堂活动的展开。教师可以依托学校的自主学习平台，提前公布课堂主题内容，上传学生课前要看的视频和音频，提出与课堂主题相关的思考话题，并让学生在网络上搜索与此主题相关的视频材料，利用网络环境进行探索和学习，然后根据以上材料进行加工整理，思考该主题在日常生活中的体现、对大学生有何影响等，最后以 PPT 课件的形式呈现出来。课前准备不仅能让学生提前了解相关的课堂主题内容，更为重要的是可以缓解学生课堂学习过程中的焦虑情绪，增强学生参与课堂互动的信心。

其次，课堂教学。这一步骤是语言输入输出并重的阶段。承接课前准备，教师先

让学生做个人课堂报告，即与其他同学分享自己准备的 PPT 课件，阐释个人观点，并回答其他同学提出的问题。然后，教师把通过网络多媒体制作出来的与主题相关的音频视频材料输入给学生，让学生进行听力理解练习，检查学生的理解程度，具体讲解重点难点，提供相关背景和文化知识，帮助学生掌握细节。对于好的视频材料，可以利用多媒体技术，选取合适的视频片段，让学生模仿，帮助学生完善外语发音和加深材料理解。另外，教师根据主题内容设计一些跟现实和学生生活密切相关的话题，开展课堂口语活动，调动学生语言输出的能动性。可以把学生分为小组，给他们一定的自主性，让学生自行确定采用对话、访谈、角色扮演等不同的表现形式。

教师课堂呈现的视频音频材料与课前提供的应有一定的内容差和难度差。如果课前和课堂上使用的材料一样，学生获取语言材料的积极性就会降低，不利于学生语言知识的输入。同样，课前材料难度应低于课堂材料难度，这样既能调动学生课下学习的积极性，又能让学生对课堂教学充满期待，营造好的学习氛围，减少学习障碍，提高语言输入输出的整体效果。

最后，课后延伸。视听说课程应该兼顾听和说能力的双向提高。只听不说或者多听少说都不利于学生语言交际能力的发展。否则，学生语言表达能力差，无异于传统的以听力为主导的教学模式。由于课堂上学生进行输入输出的练习时间有限，因此课外在老师引导下进行延伸的语言输入输出学习对于提高学生综合语言表达能力显得尤其重要。

课后延伸主要借助学校的网络学习平台，利用网络资源，让学生在开放交互的环境下进一步学习，扩大信息输入内容，增加输出的模拟练习。网络平台上有各种难度的视频音频内容，学生可以随机练习。教师还可以上传一些与主题相关的辅助学习资料，提供在线答疑。网络有学习论坛 BBS 和网络日志 BLOG，学生可以就课堂话题相互提问发表个人看法，增加学习的互动性。为避免课后学习流于形式，教师可以规定哪些内容必须在网上完成、哪些内容可以根据个人能力选择性完成，这样可以保证学生课后学习有一定的针对性和自由度。

（三）立体化学习评价

针对学习效果的评价应结合视听说课的自身特点和网络多媒体辅助学习的特性，不同于以往的以考试为主的终结性评价，立体化评价贯穿语言学习的各个输入输出阶段。它包括课前、课上、课后三个阶段评价，其中有学生自我评价、学生间相互评价、教师评价、网络学习评价。评价既有对学生学习结果的评价，也包含对学生学习能力、学习过程、学习策略、小组合作交流等内容的评价。评价的最终目的不是考核学生的学习优劣，而是帮助教师了解学生，调整教学策略，给学生及时的指导，激发学生的学习动力，促进学生提高自觉输入输出语言的积极性。

以往的视听说教学往往注重语言输入，轻语言输出，即注重视听练习而忽略了说的练习，学生开口说话的信心和能力不能得到明显提高。基于网络多媒体的外语视听说主题式教学能够吸纳形形色色的教学内容，增加学生学习兴趣，提高学习效果，尤其是学生理解输入的语言材料，就给定话题表达个人观点等方面的语言输出能力。当然，学生听说能力的提高是一个较长的过程，多媒体技术和网络只是提供了较好的硬件条件，与学生听说技能提高没有直接的因果关系。教师应该继续发挥主导作用，监督引导学生积极利用网络资源，充分发挥网络多媒体技术的优势，提高学生听说能力。

第三节 大学外语机考探索与外语听说教学实践

教育部颁发的《大学外语课程教学要求（试行）》明确指出，大学外语的教学目标是培养学生的外语综合应用能力，特别是听说能力，使他们在今后的工作和社会交往中能用外语有效地进行口头和书面的信息交流。在以往的大学外语教学过程中，受教学模式、教学方法、评估体系、教学设备等的影响，教师对培养学生的听说能力重视不够。另外，受考试指挥棒的影响，学生本身对提高听说能力的兴趣不高，因此总体而言学生的听说能力相对薄弱。为了改变这种现状，切实贯彻实施教育部的《课程教学要求》，我校对提高大学生外语听说能力做了一些尝试:增加听说课的课堂教学时间，以弥补传统课堂听说训练的不足；要求学生借助网络和多媒体进行自主听说训练；利用多媒体进行大学外语听说机考。

一、大学外语机考的优势与不足

大学外语机考的优势在于：从考试内容来看，以听力为纲，以口语为特色，更注重考查学生外语综合应用能力。"欧洲语言能力共同参考框架"将语言交际活动归纳为五大类，分别是语言输出，即口头表达和笔头表达；语言输入，即听力理解、阅读理解和视听能力；互动活动，即口头互动和笔头互动；中介活动，即口译和笔译；非语言交际，如手势和动作。与传统的纸笔测试相比，机考在这五类语言交际活动的结合度上做得更好,提供了形式多样、内容丰富的模拟语言交际活动,在视听说方面有很大突破,注重考查学生外语综合应用能力。

从考试形式来看,更多注重测试真实性和情境性,突出以人为本的理念。Bachman指出:"语言测试的真实性指目标语言使用任务特征与测试任务特征的一致程度。"从机考的选材来看,材料主要来源于BBC、VOA、CCTV-9等媒介,这些素材反映了人们日常生活的一些场景,也是考生在现实生活中发生或未来工作和学习中可能遇到的情况。从考查的手段来看,与纸笔测试相比,机考改变了过去的单一音频测试的方式,将单一的听力考试变成了视听考试,充分利用音频、视频和图片为一体的多维立体信息形式形象生动地再现了现实生活中的各种交际场景,唤起了考生视觉与听觉的有机结合,给考生以身临其境的感觉,能较真实地反映考生在常态下的外语实际应用能力。

大学外语机考存在的主要问题在于试题库建设。语言测试的题库不同于一般的数据库,决不仅仅只是若干试题的简单组合。试题库中的试题不仅要考虑题目的难度值,还必须考虑区分度以及答案的可猜测度,题库建设是一项系统工程,是实现机考的先决条件。目前,我校机考试题库建设有待提高。

设备问题:机考对软、硬件设备都有较高的要求(如电脑、声卡、麦克风、显示器分辨率等),评分系统也需不断完善,随着评分系统的完善,测试题型的综合性才能越来越强,测试精度才能提高。

二、大学外语听说教学改革

(一)夯实外语基础知识

听说教学要抓好语音关,使听说结合。学好音标是学好外语的前提条件,对未来的外语学习也是一件一劳永逸的事情。听力教学不能仅仅局限在听的环节,应让学生围绕听的材料说,使听、说有机结合,相互促进。另外,学生要广泛阅读,扩大词汇量,通过阅读了解外语国家的人文、地理、历史、传说等方面的知识,培养不同场景接触不同词汇、全方位感知的习惯。

(二)采用互动教学模式

互动式教学模式以充分调动学生的主观能动性为基础,培养学生的自主学习能力。同时,充分调动一切教育资源,在生生之间、师生之间、课内与课外之间、学校与社区之间建立起立体、多维、互动的关系,使学生由被动地接受知识变为主动地接受知识。这一教学方法的原理在于建立从不同侧面围绕学生感兴趣并能引起思考的共同主题，并在这一主题下把听、说、读、写、译等语言活动有机地组合起来。

（三）培养学生的良好心态

在日常听说教学中，教师可以采取多种方式，创设轻松的课堂环境。比如，在上课之前，放一些旋律优美的英文歌曲，这样可以自然地把学生带入美妙的外语世界。教学方式多样化能帮助学生克服听力疲倦，提高课堂参与效果。此外，教师应选择一些知识性和趣味性相结合的并稍超出学生能力的材料，激发学生的兴趣，调动学生的积极性。

听说是大学外语教学的重要目标之一，也是大学外语教学的基础。但是听说教学也是大学外语教学的一个相当薄弱环节。要改变这种状态，大学外语教师要不断学习，扩充与听说教学有关的知识，总结、积累有效的新型教学方式和策略，提高学生的综合听力理解能力。听说水平的提高不是一朝一夕的事情，除了教师的指导，更需要学生多方面的努力。合理有效地进行教与学，教师和学生一起努力，才能实现大学外语听力的教学目标。

第四节 网络条件下的大学外语听说应用能力培养

教育部颁发的《大学外语课程教学要求》明确指出，高校在学生外语能力培养上的教学目标是必须培养学生外语综合应用能力，特别要注重学生听说能力的培养，当学生从事工作和进行社会交往时，能够用外语顺利地进行口头和书面沟通与交流。由此引发了各高校在课程设置及教学模式等方面的一系列大学外语教学改革。2012年黑龙江科技大学定位为应用型本科院校，本科生培养方案充分考虑到外语应用能力培养的要求，教学理念转变为以学生为中心，教学模式更加倾向于个性化、合作化、自主化、网络化、立体化。在教学实践中，尤其注重学生听说能力的培养，借助于网络和多媒体，从创设教学情景入手，强化基础知识及文化知识背景的输入，进而通过教学中采取师生、生生共同参与交互活动的方式让学生完成主题任务，实现体验式的知识输出，使学生在教师的指导下和同学的协助下，建构自己的知识体系，突出网络条件下的个性化、自主化学习，从而实现提高学生外语综合应用能力的目的。

一、网络条件下听说应用能力培养策略

多媒体与网络以其灵活性、开放性、交互性、迁移性与实用性等特点，成为大学外语教学的有效实战工具。借助于网络与多媒体设备可以将听、说、读、写、译等学习内容与语言应用有机结合在一起，让学生既在实际运用中学习了基础知识，又在实践操作过程中提升自己对外语语言知识的理解，提高外语应用能力。网络极大地扩大了语言学习的范围，使学生从只注重语言本身，转移到注重语言学习和语言应用，培养创新能力，网络也使教学内容化静为动、化抽象为具体，优化了外语教学的学习环境。

（1）利用网络素材，加强听说基本功训练，提高学生听说应用能力。外语教学的目标是社会文化能力，包括语言能力、语用能力及扬弃贯通能力（理解能力、评价能力和整合能力）。语言学习提高的关键是听力能力的提高，听力的作用是增加语言输入与储备，在外语教学过程中，要注重语言的输入，注重培养学生的听力理解能力，才能从根本上提高学生的语言综合能力，促进学生在交际过程中运用语言的能力。教师借助网络挑选相应的课内课外听力材料，布置听说写练习任务，使听力材料内化为学生的可理解性输出，提高外语听辨能力，创造出良好的语言环境，课内、课外交流时，循序渐进地由"中英双语"向"全英"转变。同时要注重学生外语口语练习的准确性和流利性，引导学生发音准确、流利，依托网络，给学生提供原声视频等，让学生置身于情景主题下，进行交流、讨论、辩论，教师给予修正、补充，使学生能够多角度看待和分析问题，提升其外语应用能力。

（2）运用多媒体网络下的各种教学模式强化学生应用能力培养。任务型教学模式：采用以学生为中心、教师为指导、任务为目标的教学方法，加强学生的语言实践，教师根据授课内容，把课堂变成具体的语言模拟实践场所，教学互动。充分利用现代化的教学辅助手段，提前给学生布置课内课外任务，采用互动式教学方法，如小组讨论、双人对话、模拟活动、表演等方式。课堂上组织学生进行各种听说交际活动，围绕主题展开讨论和辩论，根据任务主题进行演讲、游戏、PPT展示、短剧表演等。在课堂教学中，教师的角色由传统的知识灌输者转变为任务引导者，学生的角色由被动接受者转变为主动参与者，发挥学生的主观能动性，这种由以教师为中心向以学生为中心的任务型教学模式的转变有助于提高学生的自主学习意识，提高学生的语言实践能力。

体验教学模式：强调外语学习是一种体验，提倡在体验中学习，将学生置于语言

教学的中心，教师有目的地创设教学情境，引导学生通过合作式学习，与其他学习者之间的交流和分享学习体验，进行反思、总结，亲自去感知、领悟知识、提升能力。体验教学模式借助多媒体辅助教学，由教师创设体验情境的主题，通过角色扮演，使学生直接感受目的语的语言和文化，激发学生的学习兴趣和潜能，从而引导学生对语言的整体理解和运用，采取小组合作学习，合作完成任务的方式。具体实践中所使用的主要教学方法有传统讲授法、案例分析法、情境模拟法、文化探究法等。体验式外语教学的课程设置注重培养表达能力，主要特征是学生主体、亲身经历、全程参与、个体感受和意义内化，体验式教学以学生为中心，以任务为基础，学生通过具体体验来发现语言使用原则并能够应用到实际交流中。

自主学习模式：利用网络自主学习系统从多层面、多角度对学生进行听力、口语能力的培养。规定学生必须完成的内容和进度，教师通过后台进行线上管理和答疑辅导。开设外语角和外语空中大讲堂以加强课外辅助学习，给学生提供更多的语言实践机会，增强学生语言综合应用能力。

二、改革评估体系，加强语言综合应用能力考核

在成绩评定中加大形成性评价比例，占学生总评成绩的40%，强调评估的过程，改变了测试作为外语教学评估的主要手段。形成性评价由课内课外成绩构成，课内教学活动评价包括出勤、课堂表现、听说测试、平时测验，课外活动评价分别由作业、网络自学、外语角组成。教师多角度、多手段评估学生学习情况，对学生外语学习的全过程进行监督和管理，综合评定学生的外语学习成绩，充分考核学生的外语综合应用能力。

在以培养学生实践能力和创新能力为主的应用型本科院校，大学生的外语实践能力中听说能力最为基础和必要。加强网络条件下听说能力的教学，对培养具有创新精神和创新能力的高素质人才，提高课程教学质量具有重要的意义。

第五节 网络即时通讯软件在大学外语听说教学中的运用

随着社会发展及改革的不断深入、教育现代化技术的迅猛发展，多媒体网络教学已经成为现代教育不可或缺的一部分，在大学外语听说教学中同样起着重要的作用。2004年，教育部颁发了《大学外语课程教学要求》，其中心是把教学的目标从阅读教

学转移到"培养学生外语综合应用能力，特别是听说能力"上来，并强调必须"增强学生自主学习能力"。由于大学外语教学改革取得初步成效，四、六级考试在2005年开始采用新的计分和成绩报告方式，宣告考试改革的正式开始。在考试内容和形式上，改革突出了听力分值的增加，由此对大学外语教学产生了重大的影响。随着大学外语四、六级考试改革的深入，2009年的全国180所试点高校，四、六级考试机考已是大势所趋。为了适应国际社会对人才的要求，大学外语的教学方式应该进行更大程度的调整。同时，考试改革的内容指明了一个方向，就是强调外语教学应该以学生为中心，以培养学生的外语听说能力为主。然而现实表明，由于传统的外语听力教学模式和以听力课为背景的听力理解研究滞后，外语听说对众多大学生来说，仍然是学习及测试中最难的部分。在网络环境下，教师使用即时通讯软件，充分利用这一媒体的特点，能为学生学习创造一个相对真实的语言环境，同时能够自由地与学生进行沟通交流，改变"填鸭式"的传统教学模式，可以在很大程度上避免单纯教授语言知识，根据学生的具体水平和学习生活环境，在交流的过程中发展听说能力、思维能力甚至交际能力，从而达到真正意义上的语言习得。

一、网络即时通讯软件的特点

即时通讯是指能够即时发送和接收互联网消息等的业务。自1998年面世以来，即时通讯的功能日益丰富，逐渐集成了电子邮件、博客、音乐、电视、游戏和搜索等多种功能，是集交流、资讯、娱乐、搜索、办公协作等为一体的综合化信息平台。即时通讯不同于E-mail之处在于它的交谈是即时的。即时通讯允许两人或多人使用网路即时地传递文字讯息、档案、语音与视频交流。在即时通讯的众多应用形式中，QQ无疑是受众面最广，最受青年学生欢迎的一种。QQ除了能加强网络之间的信息沟通外，通过文字、语音、视频、文件的信息交流与互动，成为师生间的沟通工具。QQ群更是进行教学、学习交流的有利平台。

总的来说，QQ及QQ群具有以下特点：

（一）操作简单方便

相对于传统的个人主页、教学课件或是教学网站而言，QQ及QQ群的优势在于简单、快速、免费和易用。可以说，目前几乎所有的大学生都拥有QQ号码，也经常会利用这个工具与同学和老师交流。建立一个学习交流QQ群也不需要烦琐的申请，技术的简化使得这一切都极为简单方便。

（二）平台资源共享性强

QQ群空间的一个重要的作用就是可以提高信息整合量，以期达到最大限度的资源共享。不仅是群创建者，其他成员也可以将文章、音频或者视频发布在群空间里，供浏览者观看、下载，从而达到资源共享的目的。

（三）沟通实时同步，互动效果明显

QQ群的任何成员只要设置接收消息，都可以在线与其他人进行交流互动，同时，他们可以就空间里的任何有关外语学习的信息进行探讨。教师作为创建者更应该积极回应并表达对学生的关注，从而实现师生间的良好互动。

二、网络即时通讯软件在大学外语听说教学中的具体运用

根据前面所提到的即时通讯软件——QQ的特点，网络即时通讯软件在大学外语听说教学中的应用有助于学生得到大量的锻炼语言的机会，从而提高学习兴趣、建立学习信心，是一种有效的教学手段。其具体运用表现如下：

（一）介绍听力技巧

根据笔者自身的教学经验，很多学生刚接触大学听说课时往往都有着浓厚的兴趣，四、六级考试和就业的要求也促使他们对听说非常重视。但由于缺乏一定的听力技巧，即便他们花很多工夫去听录音、看视频，效果却并不显著，其不良后果扼杀了他们的学习兴趣，使其失去学习外语的信心。教师在QQ群上介绍一些听力技巧会有助于学生提高学习效率。比如，告诉学生要学会听前预猜，即从选择项内容猜测该段对话或短文要涉及的内容，如说话人的关系、身份、场合，等等，这样就可以缩小信息范围。而抓关键词、关键句和信号词则有助于帮助理解文章的结构大意。

（二）提供听力材料

对于非外语专业学生来说，每周一次的听力课所能接触到的语言输入是远远不够的。尽管学生如今可以便捷地利用网络去获取信息，但仍然需要教师给予适当的引导。教师可以在群空间发送一些对外语学习有帮助的网站链接并简单介绍以帮助学生更好地选择对自己有益的信息。此外，教师还可以把符合学生水平、与他们生活息息相关、能吸引其兴趣的听力材料和四、六级考试真题上传到群共享里，供学生下载收听练习。

（三）介绍背景知识

上听说课时，往往会出现这样的问题。对于每个单元的主题，总有学生不大了解，

无法进行讨论，因此兴趣不高。长此以往，会造成他们失去说的兴趣甚至对听说课产生厌恶感。那么，教师就可以在课前在 QQ 群里对下一课的主题做介绍，发布与主题相关的文章，让学生事先阅读，增加他们对文化背景知识的了解，让他们有话可说，同时通过阅读不同的文章开阔了视野和思维。为了满足学生口语沟通的需要，教师还可以在帖子上给学生提供地道的口语表达法。通过 Everyday English 的方式，每天一帖，每帖展示两三个句子或者三四个俚语习语的用法，这样日积月累，便增加了学生的词汇量。词汇量提高了，学生的听说读写能力才能够得到提高。

除此之外，在日常交流和回复评论帖子时，要求学生尽量用外语表达，无须担心准确性，教师对于每一个回复都尽可能给予回应，不仅增强师生间的交流，还增加了学生运用语言的机会。表面上看来，这一切都是基于书面的交流，但是由于交流中的非正式性和网络语言的随意性，学生的实际生活口语会话能力必然能够得到提高。

网络即时通讯软件能随时随地为学生提供丰富多样的语言材料、真实生动的语言交际情景，在很大程度上优化了外语教学资源与环境，提高了个人学习效率，增强了教学效果，对于大学外语听说能力的培养起到了积极的促进作用。对于教师自身素质也提出了更高的要求。只有把网络技术与传统的教学的手段有效地结合起来，各取所长，互相补充，才能最大限度地增强教学效果。

第六节　网络环境下大学外语听说作业的创新设计和评价

教育部《大学外语教学指南（试行）》（2017）（简称"指南"）指出，大学外语的教学目标是培养学生的外语应用能力，增强跨文化交际意识和交际能力，同时发展自主学习能力，提高综合文化素养，使他们在学习、生活、社会交往和未来工作中能够有效地使用外语，满足国家、社会、学校和个人发展的需要。为了实现这一目标，近年来，大学外语从教材到课程的设置等诸多方面都有了明显的改变；但作业作为反馈的重要形式之一，却鲜有提及如何改进其设计形式和评价方式。特别是当下，全国的大学外语课程的学分都在压缩。很显然，课时的不断减少压缩了学生在课堂学习的时间，那么课后作业就应当受到重视，以弥补课时的不足。所以，我们可以通过作业的布置培养学生良好的自主学习习惯和提高学生综合运用语言的能力，根据学生的特点设计出多元的、开放式的作业，并结合网络使其内容更加丰富、有趣，评价也更加多维、客观。

一、大学外语听说作业设计和评价的现状分析

（一）大学外语听说作业设计形式的现状分析

互联网的发展给今天的大学外语听说作业设计带来许多便利：信息获取的渠道更多，收发作业形式的选择也更多。但是，作业的现状却不尽如人意，未能发挥其对教学的反思和促进作用。笔者对相关话题进行了搜索和整理，发现对大学外语作业进行研究的论文和期刊甚少，为数不多的也极少就听说方面进行研究。但可以明确的是不管是何种类型的作业，目前的作业设计现状都存在以下几个方面的不足：其一，作业内容单一、乏味，设计随意。唐姬霞认为，由于缺乏有力的理论指导，教学目标不明确，导致布置作业的内容和形式单一，不能真正提高学生的学习自主性和调动学生学习的兴趣；金怀梅认为，由于教师教学、科研压力大、工作烦琐等原因，使得教师没有足够的时间和精力科学地设计作业，只是一味地让学生完成课后练习。其二，书面作业多，实践性作业过少。教师过分重视识记能力的考查，而忽视了对学生理解、分析、综合应用等多种能力的培养。其三，独立完成作业多，合作完成作业少。此外，李静发现，多数教师布置作业匆忙，导致学生无法理解作业与上课内容的联系。

（二）大学外语听说作业评价方式的现状分析

首先，批改作业是教学中不可缺少的重要环节，通过作业的批改，教师可以掌握学生的学习情况，并对自身的教学进行反思。可以说作业是弥补大学外语大班教学的效果不理想情况下，教师与学生之间沟通的重要方式之一。但是批改作业占据了教师大量的时间；学生对老师批改回来的作业也不能认真地对待，几乎零收获；而且许多老师没有足够的时间及时批改作业。其次，作业批语是教师情感输出的重要载体，它体现了教师对学生作业的意见和态度，体现了教师对学生学习成果的认可或否定。而目前大多数教师因为时间的紧迫和批改量较多的原因，批语普遍比较单一，缺乏生动性。并且，大多数教师对作业的评价比较传统，主要以教师为主导，学生处于被动的地位。

二、互联网环境下大学外语听说作业设计形式的革新

网络环境给大学外语听说作业带来了许多新颖的元素，我们可以让学生使用电脑或手机完成作业，也可以利用网络与教师和其他同学进行探讨。本节中，笔者将从教师备课、给学生设计预习、课中和课后作业四个方面探讨利用网络环境改进大学外语

听说作业的设计和布置。

（一）利用网络环境改进教师备课

为了避免作业布置的随意性，教师在备课时应精心设计作业这一环节，在课上留下合适的时间让学生能够完全听懂所要做的作业和要求，从而让学生认识到作业的重要性，提升作业的有效度。因此，教师需要提前完成作业的设计，仔细揣摩，设计出适合当下学生的作业。如今，有了网络的便利，笔者一般都会在每一新学期的第一周以电子邮件的方式给学生发送一份本学期作业内容进度表，学生需要根据此进度表在规定时间内完成并发送作业。有了这份进度表，学生可以在学期初就对本学期需要完成的作业有了大概的认识，也就会相对减少学生在课上来不及抄录作业要求或听不懂作业内容的问题。

（二）利用网络环境改进课前预习作业设计

以往的听说课程的预习作业主要以预习即将学习的单元中的单词为主，或是教师简单地要求学生预习单元的话题等。这两种方式均过于单一或目标不明确，在实际教学中教师也很难掌握学生的预习情况。因此，明确目标、细化要求的预习任务是十分必要的。人获取各种信息中有83%是通过视觉获得。网络以有声语言和文字说明，图、像、文、声并茂，容易吸引学生的兴趣完成作业。以笔者教授的课程教程《新视野大学外语听说教程》（第二版）（第二册）Unit 7 What's in fashion？为例，笔者给学生布置的预习作业中关于单词的部分涉及两个方面：一是搜集表达"时尚的"的单词或短句、如何形容某人"有气质""会打扮"等；二是搜集关于不同类型的"衣服""裤子""裙子"等的表达；关于话题分享方面的部分是要求学生分享一位自己心目中时尚的人，并附上照片，以供课堂讨论。单词的预习作业设计的初衷是帮助学生通过网络拓宽意思相近的单词的储量，使他们在课堂中能运用新的单词参与课堂讨论。除了单词的预习，观看相关视频的预习作业也是不错的选择。同样以笔者所教授的课程教材《新视野大学外语听说教程》（第二版）（第三册）Unit 9 What mode of travel do you prefer？为例，根据单元中关于"中国高速铁路、高速火车"这一话题，笔者在网上搜索了许多纪录片，最终锁定 Tales From Modern China《你所不知道的中国》（第一集）作为学生的预习作业。原因有三：一是需要考虑学生的知识水平、语速、语音、所选的词汇是否多数学生不看字幕或仅看英文字幕就能看懂；二是所选的视频内容所拍摄的时间最好是与当下接近的，符合中国高铁发展近况的；三是视频的资源应当丰富，是方便学生自己通过名字进行搜索的。

（三）利用网络环境改进课堂作业设计

课堂作业的功能可以表现在两个方面：一是对预习作业的检验和延伸，使学生能够在课堂中运用自学的知识；二是对课堂内容的复习或提升，使学生能够更深入地思考相关话题，分享自己的观点。首先需要说明的是，虽然笔者所教授的是听说课程，但这并不将作业的形式局限为必须是听力或口语练习。例如笔者在教授《新视野大学外语听说教程》（第二版）（第四册）Unit 2 Beauty can be bought 之前给学生提供了两部来自 BBC 的纪录片 Plastic Surgery Capital of the World《世界整容之都》和 The Secret of South America : Extreme Beauty Queens《南美洲的秘密：选美皇后》作为预习作业，并在课堂上将所有的听力练习和口语练习完成后，笔者给学生布置了 5 分钟的写作任务，即要求学生在 5 分钟内写出不超过 50 个字的关于"美是什么"的定义句。通过此次课堂作业，教师发现大多数学生都能主动运用本单元所学的新的词汇和其他表达，描述定义的出发点也不再像课程之初预热环节的"头脑风暴"中表述得那么片面，更有部分学生能够发表一些富有哲理、发人思考的观点。

其次，积极利用手机等移动设备融入课堂作业也是一种新鲜的尝试。作为（Digital Natives）"数字原住民"的"80 后"甚至更年轻的一代人，一出生就面临着一个无所不在的网络世界，对于他们而言，网络就是他们的生活，数字化生存就是他们从小就开始的生活方式。这一代人获取信息的主要渠道是网络，解决作业中遇到的难题也更倾向于选择"百度"等搜索引擎。根据这一特点，笔者在教授《新视野大学外语听说教程》（第二版）（第四册）Unit 8 Is Biotechnology Our Friend Or Enemy？单元中关于"克隆"这一话题时，要求学生以组为单位，在 5～8 分钟内"百度"一番"克隆羊多莉"的信息，并选派一位组员代表口头回答教师预留的问题。笔者设计这一课堂作业的出发点是基于教材的练习内容属于说明文，内容比较枯燥。试想如果从某一著名的案例出发，以点带面是否能够提高学生的参与度？从课堂的反馈来看，是达到了预期效果的。而且通过对网络信息的检索、筛选到学生自己的知识消化，再到口头陈述，本身就是对学生自学的一种训练，符合当下学生的学习习惯。

（四）利用网络环境改进课后作业设计

自从电子邮件、QQ 广泛运用于教学特别是作业的收发，网络在作业布置中的作用越发重要。但是，简单地利用网络收发作业仅仅是将书面作业转变为电子作业，换汤不换药，没有什么实际的效果。如果能够合理利用网络资源和技术改进课后作业的设计和反馈，就可以延伸作业的实效性，甚至提高学生的学习参与度，并起到一定的监管作用。

1. 利用网络环境辅助口语训练

大学外语大班教学造成了课堂口语训练时间严重不足、学生参与度低、缺乏主动性等现实情况。外语听说资源虽已数字化，但是缺乏组织性、系统性。任何语言的学习都不能缺少语言环境和交际，因此利用网络环境辅助口语训练是解决这一问题的有效途径之一。

例如，笔者在教授大学一年级新生的第一堂课往往是复习音标和训练学生容易混淆的发音等练习。课后，笔者以班级为单位建立了若干QQ群，发表了课上列举的所有易混淆的发音练习题，并利用网络在线美音或英音的识读软件提前录制了这些发音，同时准备了三种类型的课后作业：易混淆单词发音练习、句子发音练习和一段较长的段落或英文绕口令。学生在完成模仿练习后，可以根据自身情况选择其中一种课后作业或完成所有类型的课后作业，并录音分享到群里或与教师私聊。通过这次作业，学生可以找出自己与标准发音之间的差异，不断地自我纠正，克服因母语或地方口音带来的困扰。同时，笔者发现虽然第三种类型的外语绕口令较长，但是选择完成这一类型作业的学生占了很大的比例，从中我们可以看出有趣的、学生能够自己选择的作业对于培养学生的自信心是很有帮助的。

2. 利用网络环境促进师生协同合作

我们可以利用网络技术促进师生之间的协同合作，并有效地监管学生课后作业的完成情况。如今，微信或QQ都可以通过手机登录操作，这也为教师监督学生的课后作业带来了便利。比如，笔者在教授《新视野大学外语听说教程》（第二版）（第四册）Unit 2 Beauty canbe bought 时，设计了一份小组课堂展示（OralPresentation）的课后作业。此作业要求学生通过调查问卷的方式进行，调查问卷分为客观题（20~25题）和主观题（1~2题）两部分，客观题需使用李克特量表方法，并回收有效问卷至少30份。学生根据调查问卷的结果制作一份PowerPoint研究报告，报告要求时间控制在5分钟左右。每一阶段完成后，都需要及时将这一阶段的作业传给教师，教师根据作业情况给予反馈，完成此次作业总共需要三周。所有作业中遇到的任何问题，学生都可以在群里和教师直接沟通。比如，有的学生会问为什么使用李克特量表方法时，设计的问题一定是陈述句？这说明学生并没有理解什么是李克特量表方法，也没有上网搜索相关信息。从这一问题的提出，教师可知该生没有理解作业要求，也缺乏自学的主动性。再如有的学生会问课堂展示时间可否延长至8~10分钟？因为他们试讲后发现时间严重不足。从这一问题，教师可知这部分学生的研究报告内容可能涉及范围较广，未能就某一点引发深入的思考，或是文案描写过于细致，缺乏归纳的能力。种种问题教师都可以通过手机做出及时的反馈，并给出合理的建议。除了小组课堂展示作业，笔者还曾设计过小组录制微视频的作业。同样地，教师在此过程中仅仅充当引导者和监督学生是否达到小组要求等的监督者角色。学生作为作业的主体，需要进行多角色的扮演，并充分与组内其他成员进行沟通交流才能共同完成此次作业，此次作业是每个组员个性化的聚集。因此，让教师参与学生的作业，不仅保证了作业的质量，还增进了师生之间的情感沟通，网络的便利使得这种方式更及时、有效，课堂气氛也会随之变得活跃起来。

3.利用网络环境辅助学生自主学习

大学生自主学习能力不足始终是影响学生学习效果的关键因素之一，如何利用网络环境辅助学生自主学习是笔者认为值得思考的问题。同样以口语训练为例，缺乏外语学习情境是学生口头表达能力较差的主要原因。尽管网络为学生提供了各种各样丰富的语音或视频资料，但是由于学生缺乏筛选和判断的能力，自学的效果不明显。这就需要教师设计不同难度的自学作业，帮助学生逐渐养成自主学习的能力。例如，模仿被认为是最好的口语训练方式之一，笔者就根据模仿的难易程度给学生布置了三种阶梯难度的作业。第一级：要求学生在听完某一短句或长句之后直接复述原句；第二级：要求学生在听完某一句子或段落后根据时态要求复述原句；第三级：要求学生在听完某一段落或短文后总结复述。同时，在完成以上要求后，可以不看原文，仅靠听进行复述。学生依然可以根据自己的口语水平选择适合自己的作业，一段时间后，教师将根据学生的作业情况，为学生安排下一等级的自主学习内容。

三、网络环境下大学外语听说作业评价模式的革新

通常，课堂评价的主体是教师，学生很少有机会参与进来。如今，网络和手机的发展为我们搭建了很好的平台，只要合理使用，就可以最大化地发挥其强大的功能。例如上文提到的写一句定义的课堂作业，笔者根据学生的作业情况，从中选出了10～15句立意新颖、表述清楚、没有语法错误的句子（均以匿名方式呈现），录入至"问卷星"的投票工具，在下一节课初，学生通过手机扫描二维码，进行投票，票数排名前三位的学生可获得平时分的加分，并分享自己是如何完成这一定义的。在这一评价设计中，教师作为把关者，对提供的评价内容进行了筛选，保证了内容的质量；而

学生作为评价的主体,积极参与到评价环节,学生的表现是积极的、投入的、认真的;排名前三位的学生通过阐述如何写出这一定义句,分享了自己的写作思路,也锻炼了口语能力。

此外,利用网络将学生自评或互评的成绩纳入作业评价也是一种新鲜的尝试。作为已成年的大学生,对自我缺乏独立的批判意识,习惯于被动地接受教师的评价,笔者认为是不利于自我认知发展的。通过自评或互评,评判双方在认知上的差异就会显现出来,这些差异就是重新构建自我认知、不断发展完善的有效途径。例如笔者给学生布置课堂展示作业(O-ral Presentation)时,会提供一份评分标准,以便学生了解教学要求。课堂展示作业开始前,教师已将评分标准表和细则录入"问卷星",在每一小组课堂展示作业(Oral Presentation)结束时,每一小组使用手机对自己所在小组和其他小组进行评分,并给出相应的评语。所有的评分和评语都是公开的,可供所有学生随时查阅。选择利用网络而不是直接让学生进行口头评价的出发点是:①相较于面对面地指出对方的优缺点,网络环境下成长的一代更喜欢通过网络发表观点,而且往往语言更加犀利;②学生查阅互评的结果是匿名的,即使有的语言过于有针对性,学生也不知道评价者是谁,能够保护学生免受情感伤害;③大学一、二年级的学生仍处于学习阶段,相较于近年来流行的慕课(MOOC)的学员,他们是缺乏经验的,面对面的口头评价获得的价值反馈并不高。

总之,不论利用何种网络技术让学生参与评价的方式都与教学理念中倡导的以学生为主体,学生不仅是学习的主体,也是评价的主体的理念相符。同时,在一定程度上体现了个别照顾和个性化的教学思想。

四、需要注意的问题与建议

不论是对大学外语听说作业的创新设计还是评价,在实际操作中都会遇到这样或那样的问题,教师需要及时解决问题并不断反思,改进同类作业的再设计。但是,设计的初衷还是应当坚持的。

(一)紧跟时代发展,选材贴近学生生活,且不局限于教材的内容

笔者所教授的《新视野大学外语视听说综合教程》(第二版)已是 7 年前出版发行的教材,某些话题设计的练习内容相对比较陈旧,这几套教材之间的部分话题有重叠性。这时,就需要教师适当补充适合的材料,激发学生的学习热情。例如第四册第 7 单元 What shall we do when there's nothing to do?的听力练习主要围绕室内和室外休

闲运动,两篇内容提及了旅游。这与之前的话题略有重复。笔者在之后的练习中发现有一篇听力材料说的是沉迷于网络或游戏的话题,于是就从这一点切入,与学生分享了"如何在游戏中学习外语""如何平衡网络世界与现实生活的关系"的通识教育话题,课堂的反馈十分理想,达到了笔者的预期。

(二)布置作业的目的除了用于检测学生的识记能力,更应当承担引导学生掌握一些学术研究能力的功能,并兼备实用性

例如笔者布置的小组课堂展示作业需要学生完成三个阶段的作业,即设计调查问卷、发放回收统计结果、制作 PowerPoint 和课堂展示。而设计调查问卷时要求学生遵守的李克特量表方法是目前调查研究中使用最广泛的量表。在收集完数据后,还需要使用 SPSS 数据分析软件对结果进行统计分析,所有的这些过程很可能在学生将来撰写毕业论文的时候会再次经历。网络的发达已经不需要我们学会使用 SPSS 数据分析软件,有的网站已经提供了这项服务。第三阶段的课堂展示(口头报告)无疑是当今社会各类企业较为喜欢使用的一种成果展示的形式,将调查问卷分析与其相结合,笔者认为也是对学生今后工作的一种预演。

(三)评价形式多元化,评价设计标准化

无论是师生共同参与评价、学生自评或互评,都应该有一份非常明确的、细致的评价设计。评价表应当同作业一起发送给学生,并做出清晰的解释,让学生明确作业要求和评价标准,使学生可以根据评价标准规范自身或他人的作业,提高作业的质量。

(四)网络监管需要教师的坚持与投入,保证适当的监管频率

笔者认为,网络监督也是评价学生作业和自我反思的一种手段,只是这会占用许多教师额外的时间和精力,需要教师具备奉献精神。在实际操作中,笔者认为教师可以设置具体的时间段,不在某一时间段内的提问可以不予回答。

诚然,大学外语课程是高校传播通识教育的重要阵地之一,在大学外语通识教育过程中,要想设计一份优秀的听说作业或全面、客观的评价绝非易事,也需要教师更多的付出。互联网的发展在为我们提供便利的同时,也提供了更多的选择和挑战,如何利用互联网融入大学外语听说作业的设计和评价是我们当代教师需要思考的问题。本节仅就笔者近几年的尝试提出了一些思考和建议,尚不完善,仍需要在实践中不断摸索、逐步改进。

第八章 大数据时代高校外语教学的理论研究

第一节 大数据时代下高校外语教学改革

现阶段人类社会迎来了大数据时代，教育大数据的到来给目前高校外语教学造成了很大的冲击和影响，与此同时也给高校的外语教学带来了一定的机遇，因此高校外语教学应该顺应时代的发展，积极探索改革路径。本节就大数据时代高校外语教学改革进行了探析，先介绍了大数据时代的特点，阐述了教育大数据对高校外语教学的影响，然后提出了大数据时代高校外语教学改革的有效措施。

近年来我国的信息技术在快速发展，互联网已经渗透到各行各业，人们的生活、学习和工作已经离不开互联网，而互联网、物联网以及社交网络的介入让数据的增长速度越来越快，大数据时代已经全面到来。在大数据时代下，人们的生活、文化和经济都受到了巨大的影响，充分挖掘和利用大数据是当前人们关注的热点问题。教育行业也是一样，在大数据时代背景下，教育行业也面临着改革。

随着信息产业和互联网的不断发展，各种数据的增长速度越来越快，人们的生活被各种数据充斥，海量的数据被充分挖掘和利用以促进各行各业的发展，其构成了大数据时代的要素。在大数据时代背景下，人们的思维方式和生活方式都发生了巨大的转变。大数据时代表现出独有的特征，其具有更大的数据容量、更多的数据种类，并且数据的生成速度更加快速，往往在一瞬间就生成了大量的数据。由于数据太过庞大，大数据时代的数据价值密度更加分散，而其中具有重要价值的数据所占的比例比较小。数据价值密度更加分散，这使人们对有价值的大数据挖掘和利用的难度也增加了。除此之外，大数据时代下，大数据的呈现方式为可视化，人们可以通过直观的方式来观看和掌握大数据的变化。大数据时代的这些特征转变了人们的生活方式和思维方式。大数据时代的数据非常庞大和繁多，整体大于离散，海量数据总体的特性要比离散的特性更大，并且各种数据混杂，人们要想掌握事物总体的发展趋势，就要接受混杂的数据信息，而非一味追求精确。大数据时代海量的数据在流通，人们更容易获取各种数据，而这就为高校的外语教学提供了新的平台，在大数据时代背景下，高校应该正确使用这一平台来促进外语教学的改革。

一、教育大数据对高校外语教学的影响

教育大数据对高校的外语教学造成了强烈的冲击，成为高校外语教学改革的重要力量。从以往的高校外语教学来看，人们常常通过专家评判来判断一堂外语课的质量，从教师的课堂环节设计是否合理、各个环节之间的关联是否具有逻辑性、教学活动的设计和教学目标是否契合、课堂上提出的问题是否有效等方面来评判一堂外语课是否成功。这种评判方式虽然看起来非常合理和科学，但是却缺乏对学生上课体验的重视，一般是专家结合自己的经验来对学生的体验进行假想，忽视了学生的真实情感体验，而学生才是课堂的主体。要真正了解学生的听课效果，需要采用可靠的数据和技术来进行分析和评判。教育大数据时代的到来就取代了专家的评课，其以实实在在的数据来对每一节课的质量进行分析，教师的每一堂课以及学生的听课都会生成相关的数据，而通过对这些数据的分析，就能够了解教师的授课水平，也能够把握学生的听课效果，了解学生对课程的喜欢程度。大数据让学生的听课感受得到显现和量化，能够更加清晰地分析学生的课堂需求和对课程的学习态度，然后从学生的实际需求出发来对教学方式进行改革和创新，以取得更有效的教学效果。

二、大数据时代高校外语教学的改革途径

（一）将课上数据和课下数据融合来革新教学理念

大数据时代要想对高校的外语教学进行改革，首要的任务就是将课上的数据和课下的数据有效融合来对外语教学的教学理念和教学思维进行革新。现阶段大数据充斥着整个教育领域，课堂上教师的行为、语言以及学生的动态行为等都可以转化为数据，而这些数据都可以利用起来，为教学改革提供参考。但是仅仅依靠课堂上学生的行为和语言往往难以准确、全面地分析学生的成绩以及对外语课程的态度，因此还要充分利用课下数据，加强对学生日常活动提供数据的分析。例如，可以搜集学生访问网络的数据分布来分析学生在线学习的行为，包括学生在课后是否会访问外语相关的学习网站、一般访问哪种类型的学习网站、在学习网站上停留的时间等，进行秒级采集，并对相关的数据进行分析，同时实现课堂上以及课后数据的采集分析，对学生进行多

角度和多层面的评估，以此来帮助教师更全面、准确地了解学生的喜好，把握学生的外语学习态度、外语学习兴趣以及外语学习风格等，为课堂教学活动的设计提供参考。

（二）实现教学资源的立体多元化转变

在传统的高校外语教学中，课堂教学内容主要以教材上的资源为主，教学资源比较单一，并且非常有限，外语教学倾向于各种机械训练，教师不注重学习资源输入的多样化。在这种教学模式下，学生的学习效果往往难以得到有效提升，学生的学习主动性受到打击，并且外语应用能力也难以得到显著提升。而在大数据时代背景下，教师不仅可以充分利用网络上的各种资源来丰富外语学习资源，使学生的外语学习资源多样化，拓展学生的视野，让学生多学习课本以外的知识，还能够有效激发学生的外语学习积极性，培养学生良好的外语学习兴趣。大数据时代，教师可以将大数据库中的影音、数据、图像等学习资源灵活巧妙地融入外语教学中，通过多样化的学习资源呈现方式来吸引学生的注意，激发学生的兴趣。总之，大数据时代让高校外语的教学资源更加丰富，学生不仅能够从教材中学习到知识，同时还能够利用互联网学习更多的外语国家本土文化，并且可以通过视频、音频、图片等多种方式获取资源，促进高校外语教学和社会的有效结合，以此来拓展学生的学习手段。

（三）实现多种教学模式的应用

在以往的高校外语教学中，教师一般采用传统教学模式来开展外语教学，教师在讲台上讲解相关的知识，学生在座位上听讲，这种教学模式存在多种弊端。而大数据时代背景下出现了各种新的教学模式，包括翻转课堂、微课和慕课等，教师可以灵活地将多种教学模式应用到外语教学中，改革外语教学模式，营造现代化的高校外语教学课堂。翻转课堂、微课和慕课是大数据变革教育的重要体现，这些教学平台可以通过海量的数据将学生集合在一个课堂上，促进师生之间以及学生之间的有效互动，同时也能够实现学生和机器人的互动。在大数据时代，高校外语教师应充分利用各种先进的技术手段和多种教学平台。从实际情况来看，使用大数据来支持多媒体教学的外语教学已经占据很大的比例，而充分利用大数据来开展外语教学能够吸引学生的注意，激发学生的兴趣，让学生对更具有活力和更新鲜的大数据支持下的教学模式保持高涨的热情，而这也是高校外语教学的重点内容。

高校外语教师应该学会利用各种教学工具和模式为自己的外语教学提供帮助。高校外语教学的目标只有一个，就是要帮助学生熟练掌握外语这门语言。而要实现这个目标，教师必须要利用一切可以利用的资源和教学工具，法无定法，目的只有一个，就是教会学生真正的外语本领。世界上最高的学问不是学问本身，而是使用学问的学问。教师要让学生充分认识到外语是一门实用性比较强的语言，必须在现实生活中经常使用，才能真正掌握这门语言。

（四）整合数据实现个性化教育

大数据时代，高校外语教师还可以整合相关大数据来实现对学生的个性化教育。在大数据的外语教学中，人们对每一个学生不再采用平均的标准来衡量，教师也不能简单地应用平均水准来教学，而是应该关注个体，实现教学个性化。现有的高校外语教学中是以一个班级为单位来进行教学的，个体需要服从群体习惯采用平均数来教学。而大数据能够帮助教师了解学生更多、更准确的细节，将每一个学生的学习轨迹都记录下来，加强对每一个学生学习行为的分析，从而预测学生的学习难点，并针对不同个体提出对应的解决方案，这样就能够实现每一个学生的个性化学习，真正做到因材施教，确保每一个学生都能够得到提升和进步。

每个学生都具备自己独特的地方，高校外语教师应该充分发挥他们的特长。以前由于技术的限制，高校外语教师不能很好地实施个性化教育和教学。大数据时代下，教师完全可以利用大数据的优势，发掘每一位学生的优势和不足，根据每一位学生的具体情况制定相应的个性化档案，确保每一位学生都能在自己原有的基础上取得进步，而不是在课堂上浪费自己的时间，学习自己已经掌握的外语知识，这样的学习是没有效率可言的。

现阶段，人类社会已经迎来了大数据时代，教育大数据对高校外语教学带来了重大的影响，给高校外语教学改革提供了重要的途径。在大数据时代，应该充分挖掘并利用大数据，将课上数据和课下数据融合来革新教学理念，并实现教学资源的立体多元化转变，不断丰富外语教学资源，将慕课、翻转课堂以及微课等基于大数据支持的教学模式灵活应用到外语教学中，丰富教学模式和教学手段，提高教学质量。除此之外，还可以整合各种数据来实现对学生的个性化教育，真正做到因材施教。

第二节　大数据高校外语翻转课堂教学模式

大数据时代下信息技术迅猛发展，颠覆了传统的教学模式。通过互联网与精确化数据，课程改革与新技术不断寻求整合，产生了较好的教学效果。作为一种新兴的教学模式，大学外语翻转课堂教学具有独特的优势，同时运用过程中也呈现出一些问题。

本节基于大数据视角，阐述了大学外语翻转课堂模式及特征，对比了翻转课堂模式融入高校外语教学的优缺点，以及线上网络学习资源现状和大学外语教师角色转变的问题，最后从学生、学校和教师三个角度探究优化高校外语翻转课堂教学质量的对策与建议。

随着互联网的普及，智能化、数字化技术与教育领域深度融合，翻转课堂教学模式应运而生。作为一种新型的授课模式，在大学课堂教学中应用广泛。传统高校外语教学存在着不同程度的通病，导致学生学习积极性下降，往往费时低效，教学质量始终参差不齐，教学效果难以有重大进展和突破。在大数据时代背景下，翻转课堂符合时代特征和要求，教学资源更加丰富，分享机制日趋健全，尤其是在学校的大力支持下，以及成熟网络技术条件的保障下，能够充分赋予学生学习的自主权和探究权，凸显了双向性、民主性和交流性，带来了全新的教学体验，实现了知识的全面内化。

一、大数据背景下高校外语教师转变角色的必要性

现阶段高校外语教师的教学定位。目前，大多数高校外语教师拥有课堂的绝对主导权，以教师直接讲授为主，学生处于被动的地位。作为教材的演示者，外语教学模式单一，网络技术应用不纯熟，按部就班地讲解课本，很少会为学生补充感兴趣的内容。教师是课堂的主讲人，久而久之成为知识的传输者和讲解者，学生在单调的语言环境下，难以身临其境地进入自己思考的空间，对待差异化学情也无法实现量体裁衣。在课堂活动的组织过程中，甚至还在延续板书、录音机和幻灯片等有限的固化模式，不仅缺乏氛围，还会让学生产生抵触情绪，记忆和学习效果自然差强人意。而在作业本和试卷的评价环节当中，传统发布指令者的方式，学习规划性和效率都难以保证。

翻转课堂下教师转变角色定位的紧迫性。由于高校外语教师教学定位存在诸多不足，导致教师的主体性过强，主要体现在专业知识和系统教育的灌输，学生个性化创造力的开发教育受到制约，统一模式的推进无法做到因材施教。同时教师偏重知识传授，程序性知识相对较少，创新意识与时代发展日渐脱离。此外评价标准单一，依然延续着应试教育的局限性，导致学生实践能力严重不足。尤其是对新技术应用缺乏深度认知，新型教学模式不够普及，使得教育的定义被僵化，教学活动的开展没有考虑学生的需求以及就业。

二、大学外语翻转课堂模式

翻转课堂的内涵及特点。众多学者对翻转课堂的诠释并不统一，主要来源于表达方式和界定角度的不同，但实质上来讲，翻转课堂的内涵以及实施过程却趋于一致。一方面，学习知识到内化知识的流程依然是主旋律，无论如何创新，翻转的是结构而不是流程。在师生角色的转化过程中，教师向引导者身份转变，而学生的主体地位得到了很好的诠释，积极主动的学习成为常态，师生课堂交流、互动进一步深化。翻转课堂与微课等网络教育模式不同，学生吸收知识依然需要课堂交流互动得以保障。

翻转课堂颠覆了传统的教学模式，重新规划了课堂内外的时间。首先遵循以学生为中心的原则，对学生基础情况进行摸查，制作开发和选择相应教学资源，学生通过课前自主学习的方式，开展交互式学习机制，形成了个性化学习氛围，以网络信息平台为基础，依托课堂展示学习成果，有效利用现代信息技术的价值和优势促进学生完成知识内化。师生角色和职能的转变，对于培养学生自主学习能力极为有利，不仅符合语言教学的趋势和实际需求，而且学生的积极性将会大大增加。

翻转课堂教学流程。翻转课堂教学模式的共性在于可以按照时间维度和空间维度进行划分，其中前者包括课前和课中或课下和课上，而后者则覆盖网络自学或面授方式。在颠覆传统的课堂教学氛围下，学生事先借助网络平台或移动终端的智能学习工具进行自主化学习，之后在课堂上教师根据学生集中出现的问题组织有效的教学方式开展协作化教学，同时兼顾答疑和成果展示环节，最后完成后续跟进的评价和反馈。其中学生自主学习的重要性不言而喻，需要学生具有很强的自律性，当然教学资源要能够引起学生的兴趣和共鸣，充分考虑学生的需求，将学生作为整个课堂的中心。

三、翻转课堂教学应用于高校外语教学的机遇与挑战

优势分析。翻转课堂教学模式的知识呈现方式更加新颖，利用微视频、微课件结合新知识资源，不仅更加灵活和个性化，而且精选或精心制作的课件可以激发学生的学习兴趣，教师重复教学负担得到了缓解；由于教学以学生为中心，因此形成了协作式课堂学习活动的新机制，潜移默化地提升了学生的实践与创新能力，提供了更加充裕的个性化学习创造力条件；基于翻转课堂教学模式的教学特点分析，知识的传授主要在课前实施，在相对自由的学习环境之下，既可以满足学生的个性化的学习体验，还可以助力大学生自我调控能力的培养，而且可以同步咨询求助或搜索问题的难点。

此外大学外语教师综合素质较高，信息技术应用能力也是出类拔萃，拥有良好的互联网信息技术、网络教学资源开发以及快速接受新兴事物的能力。

劣势分析。翻转课堂在我国高校应用和推广时间并不长，尤其是在外语教学当中大范围应用并未取得广泛的实践经验成果。这一方面源自教学视频选择与制作具有不同程度的难点，需要高成本的支撑。而且本身授课对象就是大学生群体，翻转课堂内容及制作与教学的相关性较小、简单的教学视频学生不认可，高质量具有特色、实效的系统教学视频又要花费较长的时间和精力，需要团队协作支持。另一方面，翻转课堂教学模式与高校的外语教学的兼容性依然有待进一步地研究和总结。外语学科属于文科类，考虑本学科知识的系统性与结构性，微视频的制作与其他理科类课程相比还存在一定的差距，如何设定翻转课堂的比重以及制作何种类型的微视频，都需要在借鉴过程中遵循本身的特点，不断尝试和改进。

机遇与挑战。高等教育信息化是社会发展的必然趋势，而且一系列相关教育政策法规的出台，也表明了国家对教育领域应用互联网技术的重视和决心。解读教育信息化十年发展规划以及国家中长期教育改革和发展规划纲要可知，翻转课堂教学模式将会成为今后教学的主流应用形态。此外慕课教学的兴起，以及大型开放式网络课程的深入人心，不仅可以分享其中海量的微视频和微课件，还可以随时随地进行自主式探究学习。

然而受传统根深蒂固教育观念的制约，翻转课堂开展并不会一帆风顺。不仅仅教师难以在短期内改变自身的角色定位，而且学生也不能完全适应离开教师主导的自主性学习方式。颠覆式的教学模式对大学生自主学习与调控能力提出了考验，面对无人监督以及互联网的种种诱惑因素，学习效率难以保证。此外快速发展的大型开放式网络课程以及学习时间重新分配都是潜在影响学习效果的因素。

四、基于大数据视角的高校外语翻转课堂教学模式探究与建议

大数据时代赋予了翻转课堂线上教学新的生机，将其与传统课堂教学相结合，不仅能够采取针对性的交流和指导，还为学生创设了更多灵活自由的学习空间。随着高校外语教学改革的深入推进，翻转课堂教学将会得到更为优化的应用。根据大学外语翻转课堂教学的不同影响因素划分，从以下三个角度探究二者融合的最佳出路。

学生层面。大学生应该明确自身主体角色，全力配合教师的教学行为。本着对自己负责的态度，培养自我调控能力，积极主动参与课前的各种活动。在小组作业和讨

论过程中，根据自己的实际情况，在自主学习知识内化阶段中，把握节奏完成知识内化阶段的转化。在大学外语翻转课堂教学中，学生要树立主体意识，提升课堂参与度进行自我知识建构，形成自主性知识探究动机与热情。如果遇到问题，要及时大胆地向教师提出，不断汲取和建构积极的学习体验。在线上教学中，大学生还要及时督促和管控自我，应明确学习目标，培养良好的意志力，制订和执行科学合理的学习计划。加强小组沟通与协作，拓展和延伸混合式教学模式，营造团结、互助和友爱的协作式学习氛围。

学校层面。高校要为大学外语翻转课堂教学提供坚强的后盾，提供大量设备精良的现代化教学设备，同时引入多元化的资源平台，加强校园网络的流畅性。一方面，要特别注重重塑教育观念，打破传统教育观念的束缚，从学校指导层面引导教师更新教育观念，采取丰富多样的协作式课堂完善线上教学平台。由于目前高校外语翻转课堂教学还处于起步阶段，很多平台还需要进一步开发和完善，为此要提升功能的可操作性和易用性，采取多种途径加强平台建设投资，完善平台的功能。另一方面，确保快速且顺畅的网络功能，为学生增加互联网接入口的数量，继续提高校园网络宽带，为开展线上网络教学提供保障。

教师层面。高校外语教师要在提升自身现代教育技术能力的基础上，加强对学生课前学习的掌控力度，在课前环节确保学生能够取得良好的学习效果。众所周知，课前学习效果对于外语翻转课堂具有不可替代的作用，为了保证课堂教学的有效性，需要列出课前任务单，督促学生对照评分标准及时完成。在参与混合式学习过程中，教师应该针对学生的心理投入、努力倾向，实施个性化的线下教学。在视频和课件制作环节，要根据学生现有的发展水平，设计科学合理的提问和任务布置，把握好题目的难易程度，使学生可以获得积极的自我效能感。与此同时，教师要继续提升现代教育技术能力，做好教学评价方式的完善工作，利用QQ、微信等社交工具对学生情感、态度进行鼓励性评价，和谐的师生关系有助于取得更好的教学效果。

总之，随着大数据时代的到来，高等教育信息化已成为必然趋势。高校外语课程教学应该与时俱进，积极引入翻转课堂教学模式，明确学生主体角色，调整线上资源分值比重，完善网络学习硬件设备设置和课堂评价机制，增加与考试有关的练习题，激发学生参与课堂的积极性，有效监督指导学生进行自主学习，提升课堂学习支持工具软件功能。教师则应找准定位，提高翻转课堂教学掌控能力，重视以人为本的理念，尊重学生的个性和认知，综合考虑各方面的因素，形成具有感染力、凝聚力的教学机制，避免课堂模式流于形式，强化线下课堂师生互动效果，有效弥补传统教学模式的不足，提高课堂教学效率与质量。

第三节　大数据高校外语空间教学行为优化

在以网络空间教学平台为媒介的数字化教学中，教育技术不应成为实施数字化教学的壁垒，而应该为教师数字化教学和学习者个性化学习提供良好适宜的环境。教师的教学行为，体现在教学资源的优化、教学过程的实施、教学处方的设置等方面。教学行为的优劣决定了差异化教学效果的好坏。教师的教学行为对外语学习者的学习行为、记忆行为、表达行为产生显著影响；学习者学习行为不断优化，个性化学习成为可能；师生交互行为能更好地促进教师教学行为和学习者学习行为的优化，从而实现教师教学效果和学习者学习效果的提升。

随着网络教学的进一步运用，网络教学已经经历了"以技术为主的单向传递"1.0时代、"以教学论为主导的双向互动"2.0时代、"以网络教学论为主导的全方位"3.0时代。随着大数据技术在教育领域的发展，网络教学即将进入"以数据分析为主导的立体化"4.0时代。以数据分析、教学运用、"教学处方"开设等为载体的教学行为、学习行为、教学管理行为将发生各种变化。

一、教师教学行为：差异化教学的前提

英国学者维克托·迈尔舍恩伯格在《大数据时代》一书中指出："大数据是人们在大规模数据的基础上可以做到的事情，而这些事情在小规模数据的基础上是无法完成的。"教师利用大数据分析结果，可以根据学生的个性化需求定制教学内容和进度，帮助教师找寻最高效的教学方式。具体落实到外语教学上，教师的教学行为包括教师的观测行为、设计行为、分析行为和评价行为。

（一）观测行为：相关关系的发现

教师进行教学反思时，总是试图寻找学生外语学习没有取得进步的"原因"，这种反思关注的是往往事物个体特征，而大数据分析看到的往往是事物的相关关系。教师对学习者行为的"观测"，并非关注"怎样学得最好"，而应关注具体的学生的行为，以及这种学习行为与学习效果之间的关系。教师根据学习者的各种学习行为特征将学

生进行分类，并根据不同类别的学生，跟踪他们在网络学习空间的行为，观测他们学习不同资源和具体知识点的顺序和效果，利用资源的时间点、访问资源的频次、学习的集中时间段、学习者语音或词汇出错频次等数据来找寻学习行为与个性化学习效果之间的相关性，得出一些关联规则，并对学习者的行为进行概率预测与分析。通过对实验班级学生大学外语课程学习行为的关注，我们发现：外语学习者学习外语的有效程度与学习者的母语程度存在相关性；女大学生在外语学习中表现得更出色。如果教师在教学实践中更多关注这些特点，根据不同学生学习特点来上传不同学习资源，分配不同学习任务，学生就能根据自身学习情况选择合适资源进行有效学习。教师在教学中需要及时"观测"学生在课堂内外的表现，抓住学生的有效学习，并积极鼓励学生参与教学活动，根据学生的反馈程度进行教学设计的调整与教学方式的改变。教师只有从日常教学实践中不断观测—反思—实践，才能实现自身专业成长，帮助学生不断提升自主学习能力。

（二）设计行为：实施教学的核心

教学设计行为是教学理念的综合体现，是教师教学方法调整、教学反馈执行与课堂教学管理改变的集中体现，是实施有效教学的核心要素。何时上传何种教学资源、课堂教学如何展现、作业布置形式等需要教师进行精心设计。目前使用网络学习空间开展教学的部分教师还停留在海量数字资源上传的"初级阶段"，教师个人空间存在"僵尸资源"，空间运用存在资源堆积、课程设计缺乏等问题。而通过大数据分析，可以发现哪些资源没有被应用、哪些资源被学生访问的频次高，便于为教师后续资源推送提供参考。

教师教学实施中资源被运用的频率、教师"诊断"学生语音、场景会话中存在的"学习盲点"并开展有针对性的教学活动状况、教师批改作业的频次与及时性等状态数据在教学空间中留下的"轨迹"，是教学管理者对教师评价的重要参考依据。教师通过平台后台数据可以观测学习者的学习状态，从而为不同学生推送个性化学习资源、开出有针对性的学习"处方"。教师可以根据学生出错频次进行教学设计的改变，教师对空间的设计能力直接影响教学实施的效果。教师对学生网络学习空间资源的数据信息进行整合和分析，了解学生个性化成长轨迹，为后续资源建设以及教学设计提供有针对性的建议。

（三）分析行为：预测规律的基础

一个人在看待整个世界以及世界中的所有事物时，要从物质事物转向交互作用，并把它看作一个收集和分析数据的平台。教师只有运用大数据思维来尽其所能测量、检测学生的学习行为,才能更好地发现学生做什么才最为有效。教师只有成为学生成长过程中的合作伙伴,找到学生与学习行为之间的连接点,才能更好地为学生推送有价值的学习资源。教师根据学生在课堂教学中的表现,并利用空间动态化数据分析教学实施和教学处方开设过程的可能性规律,能为不同学生推送个性化学习资源、开设有针对性的学习处方提供参考。在实验班教学中,我们发现:教师上传学习资源的时间影响资源被启用程度。通过对这一现象的分析发现:学生学习时间与教师空余时间的不一致导致教师上传的资源没有被及时应用学习。教师需要对这些显性数据分析来发现学习者的学习动机,并对这些现象进行归因分析,以找寻更有效的学习方式。

(四)评价行为:实施反馈的前提

空间学习活动"观看视频"时长、在线测试情况、参与互动频次等留下的学习行为痕迹是教师对学生学习过程评价的重要依据。教师对学生学习行为表现进行合理、客观的评价是引导学生课堂教学活动有序开展和自主学习的重要条件。网络空间学习的评价不仅关注学生学习参与程度、专注程度,更关注学生在交互活动中参与的频次与效果。教师教学评价的结果及效果与评价标准的合理性和评价执行过程的客观性相关,评价过程不合理势必影响评价的结果。尤其是小组协作完成作业时,如何界定小组成员合作的程度,如何根据小组成员的不同表现进行评价会直接影响小组协作的积极性与有效性。通过网络学习空间实施的评价更能做到"用数据说话",教师教学评价与学习效果呈正相关关系,起引导、激励、监督作用。研究表明,评价结果的使用也会直接对教师的课堂教学行为产生积极或者消极的影响。

二、学习者学习行为:个性化学习的体现

不同类型的学习者学习不同资源和知识点的顺序和效果不同,通过对学习者在空间留下的"痕迹",可以分析出其学习掌握利用资源的时间点、访问资源的频次、学习的集中时间段、学习者语音或词汇出错频次等,通过这些数据可以了解学生个性化成长轨迹,为教师后续资源建设以及教学设计提供建议。

(一)聆听行为

与传统教学模式相比,网络空间教学能实现全面记录、跟踪不同类型学习者的不同学习需求、与听力训练的情况,教师可以根据学生的已有学习基础和空间学习行为,了解学生动态化的学习轨迹。通过可视化的数据分析,教师可以得知学习者听力训练

中匹配答题情况及答题过程，从而有助于教师在以后的教学设计中进行针对性的强化训练。课堂听力教学过程中，学生与教师之间的互动关系为听力材料播放—听力材料理解—听力练习答案核对，不同层次学生听力水平与听力需求差异较大无法得到个性化匹配。利用大数据与自然语言算法将搜索数据与个性化需求相匹配，基于大数据的个性化自适应在线学习分析模型，从而能够发现原本隐藏的学习行为信息，教师通过这些行为的相关数据实施预测或干预，用于教学评价与反馈，有利于学习者听力水平的提高。

（二）阅读行为

空间阅读教学设计中"课前学习—解决问题—课堂互动—课后作业与检测"一系列的教学行为活动形成了"催生疑问—解决疑问—应用知识"的学习过程链。大数据分析通过学生完成阅读任务的先后顺序来判断学习者对文本材料的理解程度，也可以对学生阅读理解思维进行"跟踪记录"，发现学生的阅读习惯。在课堂教学中，教师需要对学生的阅读状态进行关注，检测学生注意力是否集中、阅读理解的目标是否达成、课堂教学中的阅读任务完成与空间阅读作业完成状态是否匹配。学生获取阅读材料的主动性不高，而更愿意阅读教师上传的阅读资料，且学生更愿意阅读与应试相关的材料。大多数非外语专业学生并没有每天坚持阅读的习惯，通过"打卡式"阅读学习任务单的形式更利于帮助学生建立良好的阅读习惯。教师可以通过大数据分析结果，找到学生阅读中的"共性问题"，并进行及时反馈。

（三）记忆行为

对于外语学习者而言，词汇的记忆成为影响听力、阅读、写作的"障碍"。研究发现，教师的基本语言知识与阅读教学能力相关，其中最突出的表现为：教师的词素意识最能预测其教学能力。外语学习与其他学科的学习一样，不仅需要学习投入的时间，更需要投入的不断反复。教师在教学中运用信息化技术手段能激发学生兴趣，激励学生积极参与小组活动讨论，通过组间竞赛、小组截图贴图、小组展示、教师点拨等环节的活动，构建多层次间的反复互动，强化学生知识运用，帮助深化其记忆行为。大数据时代，通过网络学习平台学生可以轻松获取常用词汇在大学外语四、六级考试中的出现频次，一些学习软件还提供了词汇在句子中如何运用的小视频。在实践教学中发现：教师对词语使用频率做了统计，并详细汇报了词语使用频次数据的词汇学生掌握得更牢固；教师提供了词汇学习小视频的词汇，学生学习兴趣更浓厚。因此，在教学中教师可以充分利用这些数据，分析出学生感兴趣的学习内容和最有效的学习方式，在教学设计时，尽可能利用大数据技术，丰富大学外语课堂教学技巧，为学生营造良好的学习氛围，以提高学生大学外语学习的兴趣。

（四）表达行为

教师最大的教学智慧不在于展示自我表达能力，而在于唤醒学生运用语言知识自我表达的欲望。外语口语表达能力的提高很大程度上取决于学生课后自主学习的时长和效率。据研究发现，学生自主性时频率较低，且学生在认知与情感方面的自主性较高，而行为自主性最为欠缺，且学生之间的行为自主性情况的差别也最大。学生外语口语表达能力的提升需要在课堂教学中进一步强化，教师应更多关注学生在课堂教学中的参与状态：是否小组成员全员参与讨论，小组汇报是否成员间轮流进行，小组汇报效果怎样，各小组表达中存在的个性与共性问题。在实践教学中发现：小组活动中，经常进行展示汇报、积极进行质疑、主动发起讨论的学生口语表达能力提高程度显著。口语表达能力强的学生更愿意积极主动地对小组成员或对其他小组表现进行评价，且其评价相对客观。积极参与留言讨论并及时完成空间学习任务的学生书面表达能力更强。因此，教师应通过平台及时收集学生常见书写表达问题，根据对这些"学习证据"分析归类后，在写作教学中进行反馈与强化。

三、师生交互行为：教学效果的彰显

学习者与教师的互动行为体现在他们参与空间互动栏目的程度、参与互动交流的时间点和频次等方面。通过对教师教学轨迹、学生学习轨迹、学生空间测试数据、学生活跃度、阅读量数据、听力训练数据等之间关联规则，能发现教学过程中师生互动行为与学习者学习效果之间的相关性，有利于了解师生交流的最有效途径与时间段，为教学效果的提升提供参考。

（一）师生互动

正如世界著名教育家、哲学家弗莱雷所言"真正的教育不是通过'A'for'B'，也不是通过'A'about'B'，而是通过'A'with'B'"，师生互动是语言类教学的基本范式。空间教学使得师生互动更加便利，不受班级规模的影响，能根据学生个体实施互动交流。空间教学实现了课堂内外的"翻转"，其根本目的是满足学生个性化的学习需求，让学生得到个性化的教育，理想的翻转课堂实施的是真正的差异化教学。大数据分析则能通过对师生互动交流的时间段、交流频次的结果，发现不同类型学生自主学习规律，发现学生自主学习进度，更有助于基于个体的交流方式。研究表明，在教学活动中构建愉悦的课堂氛围，能提升学生与课程、学生与教师之间的情感联系，实现良好的教学效果。师生之间通过教学空间突破时空的限制，最大化调节学生的学习投入。新时代大学生在"面对面"课堂中由于羞于表达，再加上班级人数限制等问题，师生互动受限，而空间在线交流能突破时空的限制，最大限度调节学生的学习投入，增加学生表达与师生互动的机会。教师可以根据学生在空间平台互动"学习轨迹"和课堂教学中师生交往状态的大数据分析结果，找到学生自主学习和互动交流的规律，选择更合适的交流时间段，寻找共同探讨交流的机会，这样有利于提高师生互动交流的效率。在情景学习和协作学习活动中，师生互动效果更好。师生互动程度高的班级，学生进步程度更显著。与教师互动频次多，小组活动中展示频次多的学生进步幅度更大。当师生互动停留在简单的"提问"与"答问"阶段时，学生思维含量低，学生进步空间较小。通过对大学外语课堂观察发现：师生间"讨论式互动"比"提问式"更能激发学生兴趣；课前有空间互动为基础的班级在课堂讨论中学生更能积极参与；教师"开放性"提问比"封闭性"提问更能引导学生积极思考。师生互动应集中于对"线下课堂"中出现的关键问题，并构建深入讨论的情境，开展师生间的多向互动，才能实现有效互动。

（二）生生互动

空间教学的开放性和互动性，使得生生之间的交流时间和空间更加灵活，课堂教学活动得以延伸，使学生在课堂上没有理解的内容进行深入交流。在课堂教学中，学生与教师的互动积极性较差，他们更愿意选择"线上"交流方式。空间教学平台为学生间的生生互动提供了便利，给那些遇到问题不愿意主动求助于教师的同学提供了更多交流机会。可以说，空间教学使"你问我答，有问必答"成为可能，真正意义上个性化教学、异步教学在空间教学平台得以彰显。通过对"留言板"和"讨论区"中自动文本分析，根据其关键词的出现次数来确定学习者类别。教师可以根据大数据分析结果，提炼教学重点和难点，在课堂教学中进一步强化。通过实验班教学实践发现：由学生主导的提问，学生间讨论较为热烈，参与积极程度较高。在"作业布置"环节中，生生讨论程度高的问题是学生感兴趣的话题或者教学中的重点与难点问题。同伴之间的交往程度高，学生的学习进度程度更高。在网络空间教学这个大系统中，同伴、教师、学习资源各要素需要相互协作，才能发挥其最大效能。

（三）师师互动

大数据下的"合作性"学习可以是"师生"组合、"生生"组合，或者是"师师"组合。

教师通过网络学习空间可以共享"云资源库"的教学资源,并通过"教研苑""我的教研室"进行教学问题研讨。教师间的互动除了教师间如教学经验分享、情感交流等"显性"互动交流外,还包括教学理念、教学方式的相互影响等"隐性"互动。教师通过"师师"互动能强化教学反思,帮助教师构建自己的教学观,形成个人教学风格。"师师"个体互动受"群体互动"环境的影响,能促进个体专业发展和群体凝聚力。网络空间学习平台为教师间的"师师"互动突破了过去面对面教研室讨论的局限,可以跨院校间研讨交流。"师师"互动的优化是教师自律文化形成的关键,是教师构建"专业学习共同体"的必然趋势,是教师专业成长和教学风格形成的一种"存在方式"。目前网络空间平台中"师师"间互动需要突破"日常"教师间"显性互动",需要构建教师互动共同体,教师间开展更深入的关于教学理念的变化、情感态度的体验等"隐性互动"。教师间的行为互动逐步转化为心灵的互动,从而达成教师间的理性交往。网络空间互动能使两人间的互动转化为多人互动,引发更多人的思考、质疑、碰撞,呈现多角度的交互性。大数据时代的教学设计可以聚集教师集体智慧实行"众筹教学",让教师间的教学设计—教学过程—教学反思—教学反馈在不断交流与碰撞中得以最大限度优化。

四、高校外语网络空间教学行为优化策略

教师通过对学生的多维信息坐标体系的观测,实现"教学资源的精准匹配—个性化教学设计—差异化教学处方—有教学行为痕迹的教学过程—动态化教学评价—针对性教学实施—客观性教学记录—新一轮教学设计"教学模式的良性循环。

(一)采取大数据思维进行精准教学设计

教师在教学过程中的各种行为,包括何时提问、何时讲授、何时开展小组活动、何时创设情境等都直接影响学生学习效果,而这些行为都需要教师进行精准化教学设计。信息化时代空间教学过程的动态性及复杂性,使得课堂教学的不确定因素增加,教师的教学设计不能遵循某一既定模式。有针对性的教学设计能使教学过程更生动有趣,学生的创造性思维能得到更好发挥。

教师可以通过教师和学生在空间的"活动数据"记载情况,实时掌握教师教学实施情况和学生学习情况,并通过学生的反馈行为灵活调整教学计划,并在教学过程中根据班级不同特点设计个性化内容。空间教学设计,容易使课堂中出现教学设计之外的问题,教师若能捕捉或创造更多这样的机会,学生参与程度与学习效能也能得到提高。大数据思维能帮助教师不仅看到"云空间"的庞大数据,而且可以对数据进行聚

类分析,看到数据之间的相关性,并发现事物与事物之间的相关性。教师在小组活动设计环节时发现:学习合作小组展示中,性格外向型组合更愿意以"情景剧"表演的方式呈现,性格内向型组合更愿意以"一问一答"方式呈现,外语基础薄弱的小组更愿意通过讲解单词与词组。因此,在下一轮教学设计中,教师尽可能照顾到不同组员的特点,鼓励小组成员间和小组间的交流与合作,以帮助学生更全面地锻炼各个方面的能力。教师只有做到以"数"为"据",才能及时掌握学生的学习任务完成情况和后续教学重点和难点,才能开展精准教学设计。

(二)利用大数据预测结果完善差异化教学过程

教学过程是师生心理活动的过程,空间教学加快了师生交互作用的进程,教师教学任务的设计可以通过学生空间"访问痕迹"和"留言痕迹"得以实时反馈。教师对教学知识点的安排以及教学进度的安排以学生的"个人学习数据"为依据,及时收集学生的学习知识"盲点"。教师可以通过回看、反复浏览学生数据来分析学生普遍存在的"疑难问题",也能发现部分学生的"个性问题",并对不同学生行为进行分析,预测学习者学习规律。比如,教师通过发现不同学生上交作业的时间分析预测学生最有效学习时间段,并根据他们的特点调整作业任务。教师可以根据小组作业贡献度排名来判断小组协作中各成员情况,并根据一段时间表现来分析并预测小组合作效果,根据情况适时调整小组合作的形式和作业呈现方式。教师利用大数据预测结果,能促使教学设计—教学过程—教学反馈—新一轮教学设计这一循环过程产生积极效应。教师根据学生对教学资源建设、互动讨论的参与程度,来判断学生的学习进程和学习效果,从而在课堂教学中开展针对性教学。在教师实践教学过程中发现:外语学习基础差的学生更不愿意完成书面表达作业,在此类型作业上花费的时间较少,更不愿意课堂上主动发起提问,外语学习提高幅度更小。教师对这类任务完成情况不高的学生实施教学干预,有针对性地布置"啄木鸟"挑错任务等,让学生从自己常见的表达错误入手,来逐步改变学生外语表达习惯。

在教学的不同过程与阶段,学生的学习行为都会留下一系列的"个人小数据",数据与数据之间相互联系与影响,形成该课程教学的"系列大数据"。课前采集的数据,是课堂有效教学的基础,课中、课后采集的数据,既是调整教学节奏、开展个性化辅导的依据,又是因材施教、推进分层教学的依据。以数据分析为基础的空间教学促发教师教育教学从"经验主义"走向"数据主义",将使课堂教学从关注"宏观群体"到"微观个体"的转变,让课堂教学发生在每个个体身上,使差异化教学成为可能。

(三)根据大数据反馈行为开设针对性学习处方

空间教学使得师生和师生之间的"庄严感"弱化,在"寻找"与"探索"中得到更多探究知识的乐趣。学生在师生关系中逐步告别"聆听",开始走向"质疑";学生对于知识的态度,也需要从"理解"转向"反思";学生对于教学方式也从"适应"教师,转为对自我认知的"超越",在学习方式上,学生的"体验"要比教师"经验"更加重要。在这种教师与学习者行为转变的背景下,教师对于个性化学习的指导,需要强化学生的发展性思维、反思性理解力、体验性认知等方面。教师根据学生空间的"浏览痕迹"可以得知学生对不同类型资源的浏览频次,了解学生对学习内容的喜好程度,从而及时推送、更新学习资源。教师通过课前学习资源被访问的时间、学生完成学习主题"lead-in"问题的时间和答题情况,可以得知学生对知识点的掌握程度。课中教师可以根据学生"group-work"活动反馈出的问题进行强化训练,并进行及时测试,收集学习后的学生掌握情况。课后学习作业提交时间,答题情况等为下一模块的学习和讨论提供了训练素材。

如在实践教学中,教师发现某些班级学生课前自主学习完成情况较差,课前"lead-in"问题主观题完成人数不理想;课中"group-work"汇报人总是集中在少数人,课后作业完成中的错误"雷同率"较高。教师通过一段时间观察与课后交流发现,该班学生外语学习基础薄弱,对于教师以"自主学习"为指导的翻转课堂方式很不适应。这些学习行为特征为教师下一步教学方式的改变提供了及时反馈,在教师积极引导下,学生外语学习学习习惯逐步改变。教师通过一学期"课前"—"课中"—"课后"一系列学习行为和学习习惯中可以找寻不同学习任务和不同教学环节学生的学习规律和特点,从而采取不同教学方法,设置不同教学任务,让学生形成良好自主的学习习惯。

(四)实施大数据关照下的动态化教学测量

大数据之大,不仅仅意味着数据之多,还意味着每个数据都能在互联网上获得生命、产生智能、散发活力和光彩。大量实时的数据为课程评价与教师教学评价中"让数据说话"成为可能。对课堂教学中的所有数据进行统计分析,并及时反馈,能实现教学测量的过程化、动态化与精准化。大数据分析能直观呈现学习者学习效果的轨迹,这种及时有效的反馈能帮助教师强化学习行为,激发学生自主学习动机,为进一步教学实施提供参考。大数据时代的教学评价以数据为基础,呈现多元化、动态化等特征,然而教师不能过度依赖数据,将数据当作行动指南常会导致学生的很多潜能因为没有"药引"而未被激发出来,大数据只是作为教师找寻学习行为与学习效果相关规律的一种技术手段。

每个教师根据学习者行为特征采取的教学设计的调整以及教学资源的更新,在空间所留下的"痕迹"构成系列数据,学习者参与程度、互动情况在空间所留下的状态数据也是大数据的一部分。因此,教师在进行教学测量时,需要关注数据的动态性:各协作小组整体表现发言积极程度的变化、小组成员参与程度的变化、学生学习能力与初始测试的变化幅度、学生作业的平均值等,而不是仅仅将一次测试成绩作为测量学生学习效果的依据。

面向未来的教育,不同于工业化时代"大规模批量生产"的人才,而是要更加关注学习者的个性化学习能力的提升。基于大数据的学习行为分析记录学习者学习过程,根据学习者的不同特征进行个性化学习资源推送,是未来外语教学改革的可能趋势,既符合数字化时代的特征,又是未来可持续发展空间学习生态的重要标志。

参考文献

[1] 张学新.对分课堂：大学课堂教学改革的新探索[J].复旦教育论坛，2014，12（05）：5-10.

[2] 汪军，严晓球.近十年来国内大学外语大班教学研究综述[J].教育学术月刊，2011，（11）.

[3] 杨淑萍，王德伟，张丽杰.对分课堂教学模式及其师生角色分析[J].辽宁师范大学学报（社会科学版），2015，（09）.

[4] 张博雅.对分课堂：大学外语课堂教学改革的新思路[J].科学与财富，2015，（12）：803.

[5] 柴霞.基于"对分课堂"的大学外语教学实践与反思[J].曲阜师范大学公共外语教学部，2016，（06）.

[6] 谷陟云.罗杰斯的人本主义教育观及其启示[J].现代教育科学，2009，（10）.

[7] 陈爱梅.人本主义学习理论及对外语教学的启示[J].辽宁师范大学学报，2003，（3）.

[8] 王健芳.外语教学改革与实践[M].南京：南京大学出版社，2016.

[9] 孙立伟.对数字化教学资源建设的思考[J].新西部，2007，（12）.

[10] 杜振华.外语资源服务器及网络语音室的安全管理与实践[J].中国科教创新导刊，2008，（1）.

[11] 李建萍.分级教学背景下大学生外语词汇学习策略的调查和分析[J].黄山学院学报，2009（8）：99.

[12] 汤闻励.非外语专业大学生外语学习"动机缺失"研究分析[J].外语研究，2012（1）：70-75.

[13] 李艳，韩文静.孔子因材施教的教育思想简述[J].吉林教育学院学报，2008（4）：39.

[14] 刘英爽.国际化背景下大学外语跨文化教育的瓶颈和转型趋势[J].教育评论，

2016（7）：115-117.

[15] 王汉英，胡艳红，徐锦芬．美国康奈尔大学外语教学观察与思考 [J]．教育评论，2015（7）：165.

[16] 秦秀白，张凤春．综合教程3（学生用书）[M]．上海：上海外语教育出版社，2014.

[17] 王允庆，孙宏安．高效提问 [M]．高等教育出版社，2016.

[18] 赵周，李真，丘恩华．提问力 [M]．北京：电子工业出版社，2018.

[19] 陈帅．大学外语修辞教学探析 [J]．湖北经济学院学报，2013（9）：203-205.

[20] 王涛．大学外语教学中外语修辞格的赏析 [J]．外语广场，2013（10）：97-99.

[21] 夏俊萍．浅析大学外语教学中学生修辞鉴赏能力的培养 [J]．吉林工程技术师范学院学报，2014（10）：68-70.

[22] 张红．浅谈外语教学中常见的修辞 [J]．教师，2015（11）：47-48.